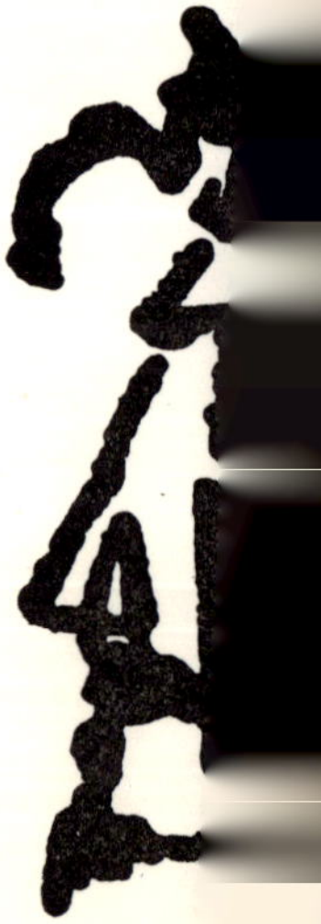

EZRA POUND

LETZTE TEXTE

(CANTOS CX-CXX) ENTWÜRFE & FRAGMENTE

VOLLSTÄNDIGE AUSGABE MIT TEXTERLÄUTERUNGEN

HERAUSGEGEBEN UND DEUTSCH VON EVA HESSE

IM VERLAG DER ARCHE ZÜRICH

TITEL DES ORIGINALS «DRAFTS & FRAGMENTS OF CANTOS CX-CXVII», 1969
Erstmals veröffentlicht 1969 von New Directions Publishing Corporation, New York

Printed in Switzerland by Schellenberg-Druck, Pfäffikon
Gebunden von J. Stemmle & Co., Zürich
ISBN 3-7160-1508 3

CANTOS CX-CXX
ENTWÜRFE UND FRAGMENTE

CX

Thy quiet house
The crozier's curve runs in the wall,
The harl, feather-white, as a dolphin on sea-brink

I am all for Verkehr without tyranny
–wake exultant
in caracole
Hast'ou seen boat's wake on sea-wall,
how crests it?
What panache?
paw-flap, wave-tap,
that is gaiety,
Toba Sōjō,
toward limpidity,
that is exultance,
here the crest runs on wall
che paion' sì al vent'
^{2}Hăr-^{2}la-^{1}llü ^{3}k'ö
of the wind sway,
The nine fates and the seven,
and the black tree was born dumb,
The water is blue and not turquoise
When the stag drinks at the salt spring
and sheep come down with the gentian sprout,
can you see with eyes of coral or turquoise
or walk with the oak's root?
Yellow iris in that river bed
Quercus on Mt Sumeru
can'st'ou see with the eyes of turquoise?
heaven earth
in the center
is
juniper

CX

Dein stilles Haus
Die Beuge des Krummstabs, gebogt in der Wand,
Die Rispen weißfiederig, ein Delphin auf Seesprind

Ich bin unbedingt für Verkehr ohne Tyrannei
– Kielspur tanzquirlig
in caracole
Hast du die Kielspur gesehen am Seewall,
ihr Walmen,
Die Flaumschlägerei?
Tatzentapp, Wellenschwapp,
das nenn ich Übermut,
Toba Sōjōs Sinn
stand nach Klarsicht,
das nenn ich Tanzlust
das Walmen über die Wand hier gebogt
che paion' sì al vent'
^{2}Hăr-^{2}la-^{1}llü ^{3}k'ö
vom Wind-wogen
Die neun Lose und die sieben,
und der schwarze Baum mundtot geboren,
Das Wasser ist blau, nicht türkis
Wenn der Hirsch von der Solquelle trinkt
und das Schaf zum Abtrieb kommt mit dem Enzian,
Kannst du sehn mit Augen von Türkis und Koralle
kannst du gehn mit dem Wurzelstrunk der Eiche?
Iris, gelb in dem Flußbett dort
Quercus auf dem Sumeru
kannst du sehn mit Türkisen-Augen?
Himmel Erde
in der Mitte
ist
Wacholder

The purifications
are snow, rain, artemisia,
also dew, oak and the juniper

And in thy mind beauty, O Artemis,
as of mountain lakes in the dawn,
Foam and silk are thy fingers,
Kuanon,
and the long suavity of her moving,
willow and olive reflected,
Brook-water idles,
topaz against pallor of under-leaf
The lake waves Canaletto'd
under blue paler than heaven,
the rock-layers arc'd as with a compass,
this rock is magnesia,
Cozzaglio, Dino Martinazzi made the road here
(Gardesana)
Savoia, Novara at Veneto,
Solari was in that
Un caso triste e denho di memoria
"Had I ever been in one?" i.e. a cavalry charge,
Uncle G.: "Knew when I came out that
there wd. be one hell of a row
in the Senate."
Knox came in, Lodge said: "Have you read it?"
"For the last time" he thought it was, till
Bettoni, like Galliffet
(Isbushenski)
Cypress versus rock-slide,
Cozzaglio, the *tracciolino*
Riccardo Cozzaglio.
At Oleari, the Divisione Sforzesca
disobeyed into victory,
had horses with them.
Felix nupsit,
an end.

Die Läuterungen
                    sind Schnee, Regen, Artemisia
                    dazu Tau, Eiche, Wacholder

Und das Schöne in deinem Sinn, o Artemis
                    wie von Gebirgsseen im Morgengrau,
Schaum und Seide, Kwannon,
                                        sind deine Finger
und die lange Gelenkheit ihrer Bewegung
                    Weide und Ölbaum zurückgestrahlt,
Bachwasser bummelt,
               Geleucht, topas auf der bleichen Blattunterseite
Windgestanzte Kabbeln am See, Canaletto,
                    unter Bläue, milchiger als der Himmel,
die Gänge im Stein wie vom Zirkel geschlagen,
                                    der Fels hier ist magnesiahaltig
Cozzaglio, Dino Martinazzi bauten diese Straße
                                                            (Gardesana)
Savoia, Novara bei Veneto
Solari war da mittendrin
Un caso triste e denho di memoria
«Ob ich je in einer war?» in einer Reiterattacke, heißt das,
Sprach Onkel G.: «Wußte beim Weggehn, daß
es 'nen Riesenkrach geben würd
im Senat.»
Knox kam herein, Lodge sagte: «Haben Sie's gelesen?»
«Das allerletzte Mal», wie er annahm, bis
Bettoni, wie Galliffet
                                    (Isbuschenskij)
Zypresse gegen Murgang
Cozzaglio, der *tracciolino*
               Riccardo Cozzaglio.
Bei Oleari zuwiderhandelte die Divisione Sforzesca
               sich den Sieg ein,
               hatten Pferde dabei.
Felix nupsit,
                    ein Ende.

In love with Khaty
now dead for 5000 years.

Over water bluer than midnight
where the winter olive is taken
Here are earth's breasts mirroured
and all Euridices,
Laurel bark sheathing the fugitive,
a day's wraith unrooted?
Neath this altar now Endymion lies

KALLIASTRAGALOS
Καλλἴαστράγἄλος

新 hsin^1

that is, to go forth by day

新 hsin^1

That love be the cause of hate,
something is twisted,
Awoi,
bare trees walk on the sky-line,
but that one valley reach the four seas,
mountain sunset inverted.

La Tour, San Carlo gone,
and Dieudonné, Voisin
Byzance, a tomb, an end,
Galla's rest, and thy quiet house at Torcello
"What! What!" says the auzel here,
"Tullup!" said that bird in Virginia,
their meaning?
That war is the destruction of restaurants
Quos ego Persephonae

止 chih^3

not with jet planes,

In Khaty verliebt,
nun fünftausend Jahre tot.

Über Wasser tiefer als Mitternachtsblau,
wo winters die Olive eingeholt wird
Hier sind die Brüste der Erde gespiegelt
und alle Eurydiken,
Lorbeerborke schließt die Fliehende ein,
ein Schatten vom Vortag, entwurzelt?
Diesem Altar zuunterst schläft Endymion nun

KALLIASTRAGALOS
Καλλῐαστράγᾰλος

新 hsin^{1}
das heißt, beitage aufbrechen
新 hsin^{1}
Daß Haß der Liebe entwachse,
etwas ist aus den Fugen,
Awoi,
kahle Bäume ziehn über die Kimm,
doch daß ein Tal zu den vier Meeren gelange,
Alpenglühn überkippt.

La Tour, San Carlo dahin
und Dieudonné, Voisin
Byzanz eine Gruft, ein Ende,
Gallas Ruhestatt, und dein stilles Haus in Torcello
«Waswas!» spricht da der Auzel,
«Tullup!» sagte in Virginia der Vogel,
ihre Botschaft?
Daß der Krieg ein Restaurant-Sterben ist
Quos ego Persephonae
止 chih^{3}
nicht mit Düsenflugzeugen,

The holiness of their courage forgotten
and the Brescian lions effaced,
Until the mind jumps without building

止 chih^{3}

and there is no *chih* and no root.
Bunting and Upward neglected,
all the resisters blacked out,
From time's wreckage shored,
these fragments shored against ruin,

and the sun 日 jih$^{4.5}$
new with the day.
Mr Rock still hopes to climb at Mount Kinabalu
his fragments sunk (12 years)
13,455 ft facing Jesselton, Borneo,

Falling spiders and scorpions,
Give light against falling poison,
A wind of darkness hurls against forest
the candle flickers
is faint
Lux enim
versus this tempest.
The marble form in the pine wood,
the shrine seen and not seen
From the roots of sequoias
pray 敬 pray
ching^{4}
There is power
Awoi or Komachi,
the oval moon.

Ihr heiliger Mut ist vergessen,
und die Löwen von Brescia gesichtslos,
Bis das Denken bockspringt statt zu bauen

止 chih^{3}

und kein *chih* da ist und keine Wurzel
Bunting und Upward übergangen,
wer immer gegen den Stachel gelökt, totgeschwiegen,
Aus dem Wrack und Ruin der Zeit geborgen,
diese Fragmente wider mein Scheitern aufgedämmt,

und die Sonne 日 jih$^{4.5}$

neu mit dem neuen Tag.
Mr Rock hofft noch immer Mt Kinabalu zu ersteigen
seine Fragmente versenkt (12 Jahre Arbeit)
13.455 Fuß hoch, gegenüber Jesselton, Borneo.

Prasseln von Spinnen und Skorpionen,
Mehr Licht gegens prasselnde Gift!
Ein schwarzer Wind wirft sich gegen den Wald
die Kerze flämmt
und brennt tief
Lux enim
versus den Wirbelsturm.
Die marmorne Form im Kiefernwald,
der Schrein gesehn und nicht gesehn
Aus den Wurzeln der Mammutbäume
betet 敬 betet
ching^{4}
Es gibt Kräfte

Awoi oder Komachi,
der eirunde Mond.

Notes for CXI

I, one thing, as relation to one thing;
Hui sees relation to ten.
20 shillings to Wadsworth
"in resentment." Town house in Hartford.
Roche-Guyon stoned to death at Gisors.
Power to issue, au fond,
to tax.
Directory cd. have made bulwark of Italy
post-bag B.,
Austerlitz
Banque de France
Mme de Genlis
Lannes did not enjoy sight of a
battlefield.
Whole lesson of Talleyrand

思 szu¹ (heart's field)
無 wu²
邪 hsieh²

Enlarged his empire
diminished his forces,
Ten years a blessing,
five a nuisance,
that was Napoleon
with constitutional guarantees
April 22nd.
"Very few interested"
N. to Talleyrand, "in civilization."
So that Alexander asked Talleyrand what to do about
France.

Notizen zu CXI

Ich sehe das eine, in dem einen Zusammenhang;
Wo Hui zehn Zusammenhänge erkennt.
20 shillings an Wadsworth
«mit Unwillen.» Stadtrat von Hartford.
Roche-Guyon zu Tode gesteinigt in Gisors.
Macht zur Notenausgabe, au fond,
zur Steuererhebung.
Direktorium hätte aus Italien ein Bollwerk machen
können
Postsack B., Austerlitz
Banque de France
Mme de Genlis
Lannes fand keinen Gefallen am Anblick eines
Schlachtfelds.
Lehre, die sich aus Talleyrand ziehen läßt

思 szu¹ (Herz-Feld)
無 wu²
邪 hsieh²

Vergrößerte seinen Machtbereich
reduzierte die Truppenstärke,
Zehn Jahre ein Segen,
fünf eine Plage,
das war Napoleon
mit verfassungsmäßigen Garantien
am 22ten April.
«Nur ganz wenige»,
N. zu Talleyrand, «an Kultur interessiert.»
Sodaß der Zar Talleyrand fragte, wie mit Frankreich
zu verfahren wär.

And "to change the meaning of words themselves
from one conference to another."
Oct. 31st, Wien
And 600 more dead at Quemoy,
they call it political.

A nice quiet paradise,
Orage held the basic was pity
compassione,
Amor
Gold mermaid up from black water
Night against sea-cliffs
the low reef of coral
And the sand grey against undertow
as Geryon–lured there–but in splendour,
Veritas, by anthesis, from the sea depth
come burchiello in su la riva
The eyes holding trouble
no light
ex profundis
naught from feigning.
Soul melts into air,
anima into aura,
Serenitas.
Coin'd gold
also bumped off 8000 Byzantines
Edicti prologo
Rothar.

Und «den Wortsinn selber zu ändern von einer
Konferenz zur andern.»
31. Oktober, Wien
Und noch 600 Tote in Quemoy,
«politisch» nennen sie das.

Ein Paradies, das schön friedlich ist,
Orage meinte, die Tragschicht sei Mitleid
compassione,
Amor
Meermädchen, goldschuppig, aus schwarzen Wassern
empor
Nacht vor dem Seekliff
das blinde Korallenriff
Und der Sand hinter dem Meersog fahl wie Geryon
– angelockt, doch im Lichtglanz,
Veritas, durch Anthesis, aus Meergründen
come burchiello in su la riva
Die Augen bergen Verdruß
kein Licht
ex profundis
ohne Hehl.
Seele verdämmert in Luft,
anima in aura,
Serenitas
Gold ausgemünzt
aber 8000 Byzantiner auf dem Gewissen
Edicti prologo
Rothari.

From CXII

... owl, and wagtail
and huo^3-hu^2, the fire-fox
Amṛta, that is nectar
white wind, white dew
Here from the beginning, we have been here
from the beginning
From her breath were the goddesses
^{2}La-^{2}muṉ-^{3}mi
If we did not perform ^{2}Ndaw ^{1}bpö
nothing is solid
without ^{2}Mùaṉ ^{1}bpö
no reality
Agility, that is from the juniper,
rice grows and the land is invisible
By the pomegranate water,
in the clear air
over Li Chiang
The firm voice amid pine wood,
many springs are at the foot of
Hsiang Shan
By the temple pool, Lung Wang's
the clear discourse
as Jade stream
玉 Yü
河 ho

Artemisia
Arundinaria
Winnowed in fate's tray
 neath
luna 

Aus CXII

… Eule und Wippsterz
und huo^3-hu^2, der Feuerfuchs
Amṛta, das heißt Nektar
weißer Wind, weißer Tau
Hier von Anbeginn an, wir sind hier gewesen
von Anbeginn
Aus ihrem Atem entstanden die Göttinnen
^{2}La-^{2}mun̲-^{3}mi
Wenn wir ^{2}Ndaw ^{1}bpö nicht verrichten
ist nichts greifbar
ohne ^{2}Mùan̲ ^{1}bpö
keine Wirklichkeit
Behendigkeit, die kommt vom Wacholder,
Reis wächst und die Erde ist unsichtbar
An den Adern des Granatapfel-Wassers,
in der heiteren Luft
über Li-chiang
Die Stimme, hell in dem Kiefernwald,
viele Quellen entspringen zufüßen
des Hsiang Shan
Am Tempelteich des Lung-wang,
Gedankenfluß klar
wie der Jade-Strom
玉 Yü
河 ho

Artemisia
Arundinaria
Geworfelt im Schicksals-Sieb
 unterm
Mondreich 

CXIII

Through the 12 Houses of Heaven
            seeing the just and the unjust,
            tasting the sweet and the sorry,
Pater Helios turning.
"Mortal praise has no sound in her ears"
                        (Fortuna's)
Θρῆνος
And who no longer make gods out of beauty
Θρῆνος this is a dying.
Yet to walk with Mozart, Agassiz and Linnaeus
    'neath overhanging air under sun-beat
Here take thy mind's space
And to this garden, Marcella, ever seeking by petal,
                                by leaf-vein
        out of dark, and toward half-light

And over Li-chiang, the snow range is turquoise
Rock's world that he saved us for memory
            a thin trace in high air
And with them Paré (Ambroise) and the Men against
                                Death
Tweddell, Donnelly,
                old Pumpelly crossed Gobi
"no horse, no dog, and no goat."
"I'd eat his liver, told that son of...
and now bigod I have done it"
                    17 Maggio,
                        why not spirits?
But for the sun and serenitas
                    (19th May '59)
H.D. once said "serenitas"
                    (Atthis, etc.)
        at Dieudonné's
                    in pre-history.

CXIII

Durch die 12 Häuser des Himmels
siehst das Rechte, das Unrechte,
kostest das Süße, das Wehe,
Vater Helios, kreisend.
«Irdischem Lob sind ihre Ohren taub»
(Fortunas)
Θρῆνος
Und die keine Gottheit mehr sehn in dem Schönen
Θρῆνος dies ist ein Sterben.
Doch zu wandeln mit Mozart, Agassiz und Linnaeus
in aufliegender Luft, unter Sonnenwucht
Hier hol deinen Innenraum
aus dem Dunkel ins Halblicht
Und zu diesem Garten, Marcella, die durch die Blumen,
durch Blattadern sucht

Und über Li-chiang ist der Schneegrat türkisblau
Rocks Welt, die er bewahrt hat, uns zum Gedächtnis
ein feiner Strich, gepaust in die Höhenluft.
Und mit ihnen Paré (Ambroise) und die da antraten
gegen den Tod
Tweddell, Donnelly,
der alte Pumpelly durchquerte die Gobi
«kein Pferd, kein Hund, keine Geiß.»
«Drohte dem Hundskerl ich tät seine Leber fressen,
und nun, Himmelherrgott, hab ich's getan»
17. Mai,
warum keine Geister?
Wär nicht die Sonne und Serenitas
(19. Mai, '59)
Hilda sagte es einmal: «Serenitas»
(Atthis, usw.)
bei Dieudonnés
in grauer Vorzeit.

No dog, no horse, and no goat,
The long flank, the firm breast
              and to know beauty and death and despair
and to think that what has been shall be,
                  flowing, ever unstill.
Then a partridge-shaped cloud over dust storm.
The hells move in cycles,
                  no man can see his own end.
The Gods have not returned. "They have never left us."
                  They have not returned.
Clouds processional and the air moves with their living.
Pride, jealousy and possessiveness
              3 pains of hell
and a clear wind over garofani
              over Portofino 3 lights in triangulation
Or apples from Hesperides fall in their lap
              from phantom trees.
The old Countess remembered (say 1928)
              that ball in St. Petersburg
and as to how Stef got out of Poland...
              Sir Ian told 'em help
                        would come via the sea
(the black one, the Black Sea)
                        Pétain warned 'em.
And the road under apple-boughs
              mostly grass-covered
And the olives to windward
                  Kalenda Maja.
Li Sao, Li Sao, for sorrow
       but there is something intelligent in the cherry-stone
Canals, bridges, and house walls
                        orange in sunlight
But to hitch sensibility to efficiency?

Kein Hund, kein Pferd, keine Geiß,
Die lange Flanke, die feste Brust
        und das Schöne zu kennen, Verzweiflung und Tod
und zu bedenken, daß sein wird was war,
                ewig fließend, un-still.
Dann eine Wolke, geformt wie ein Rebhuhn, über dem
                                        Staubsturm.
Die Höllen laufen zyklisch um,
                kein Mensch kann sein Ende absehen.
Die Götter kehrten nicht wieder. «Sie haben uns nie
                                        verlassen.»
                Sie kehrten nicht wieder.
Die Luft rege von ihrer Lebendigkeit, Wolken in
                                        Prozession.
Stolz, Eifersucht, Besitzinstinkt, 3 Höllengeißeln
und ein klarer Wind fegt die Nelken
            über Portofino ein Dreieck von Lichtpunkten
Oder Äpfel der Hesperiden in ihren Schoß
            aus Schattenbäumen.
Die alte Contessa entsann sich (etwa 1928)
            an den Ball damals in Petrograd
und apropos wie Stephanie aus Polen herauskam...
        Sir Ian hatte ihnen erzählt, Hilfe käm übers Meer
(übers schwarze, das Schwarze Meer)
                    Pétain hatte sie gewarnt.
Und der Weg, von Apfelästen überwölbt,
            meist grasbewachsen
Und die Ölbäume windwärts gefegt
                Kalenda Maja.
Li Sao, Li Sao, heißt klagen
        aber im Kirschkern ist etwas Intelligenz
Kanäle, Brücken, Häuserwände
                    orangen im Sonnenschein
Doch Sensibilität an Leistung anzuschirren?

grass versus granite,
For the little light and more harmony
Oh God of all men, none excluded
and howls for Schwundgeld in the Convention
(our Constitutional
17... whichwhat)
Nothing new but their ignorance,
ever perennial
Parsley used in the sacrifice
and (calling Paul Peters) 12%
does not mean one, oh, four, 104%

Error of chaos. Justification is from kindness of heart
and from her hands floweth mercy.
As for who demand belief rather than justice.
And the host of Egypt, the pyramid builder,
waiting there to be born.
No more the pseudo-gothic sprawled house
out over the bridge there
(Washington Bridge, N.Y.C.)
but everything boxed for economy.

That the body is inside the soul
the lifting and folding brightness
the darkness shattered,
the fragment.
That Yeats noted the symbol over that portico
(Paris).
And the bull by the force that is in him
not lord of it,
mastered.

Gras wider Granit,
Für das bißchen Licht und mehr Eintracht
O Gott aller Menschen ohne Ausnahme
und großes Geschrei in der Versammlung wegen
Schwundgeld
(unsrer verfassungsgebenden, 17-hundert-so-und-so)
Nichts ist neu außer ihrer Unwissenheit
perennierend
Petersilie zu jenem Opferbrauch
und 12% (dies an Paul Peters)
heißt nicht eins, null, vier, 104%

Chaos der Abweg. Rechtfertigung kommt aus dem
Herzen
und Mitgefühl springt über von ihren Händen.
Und dann die, die nach Glauben rufen statt Gerechtigkeit.
Und die Menschenschwärme Ägyptens,
der Pyramidenerbauer wartet dort auf seine Geburt.
Nicht mehr das hingefläzte neugotische Haus
am Brückenkopf dort (Washington Bridge, N.Y. City)
alles jetzt vierkant und raumsparend.

Daß der Körper inwendig der Seele ist
die hüllende, hebende Helle
das Dunkel zersprengt,
das Fragment.
Daß Yeats das Symbol bemerkte überm Portikus
(Paris).
Und der Stier, getrieben durch eine Gewalt in seinem
Inneren,
nicht Herr darüber, bemeistert.

And to know interest from usura
(Sac. Cairoli, prezzo giusto),
in this sphere is Giustizia.
In mountain air the grass frozen emerald
and with the mind set on that light
saffron, emerald,
seeping.
"But that kind of ignorance" said the old priest to Yeats
(in a railway train) "is spreading every day from the
schools"
to say nothing of other varieties.
Section X for example–put over, and 100 years to get
back to the awareness of
(what's his name in that Convention)
And in thy mind beauty,
O Artemis.
As to sin, they invented it–eh?
to implement domination
eh? largely.
There remains grumpiness
malvagità
Sea, over roofs, but still the sea and the headland.
And in every woman, somewhere in the snarl is a
tenderness,
A blue light under stars.
The ruined orchards, trees rotting. Empty frames at
Limone.
And for a little magnanimity somewhere,
And to know the share from the charge
(scala altrui)
God's eye art 'ou, do not surrender perception.

And in thy mind beauty, O Artemis
Daphne afoot in vain speed.
When the Syrian onyx is broken.
Out of dark, thou, Father Helios, leadest,
but the mind as Ixion, unstill, ever turning.

Und Zins von Wucher zu kennen
(Sac. Cairoli, prezzo giusto)
            In dieser Sphäre wohnt Justizia.
In der Bergluft das Gras zu Smaragd gefroren
    und mit dem Sinn stetig auf solches Licht gerichtet
                safran, smaragdgrün,
                        sickernd.
«Doch solche Verdummung», sagte der alte Priester
zu Yeats (in der Eisenbahn) «breitet sich
                tagtäglich von den Schulen aus»
        ganz zu schweigen von andern Spielarten.
Section X etwa – eingelotst, dann 100 Jahre
                um wieder zur Besinnung zu kommen
        (von Dingsbums in der Versammlung damals)
Und das Schöne in deinem Sinn,
                o Artemis.
Und von wegen Sünde: die erfanden sie – nichtwahr?
                um uns am Gängelband zu behalten
nichtwahr? im großen und ganzen.
Bleibt noch Grantigkeit
        malvagità
Meer über Dächern, doch immer noch Meer und Vorland.
Und bei jeder Frau ist irgendwo im Fauchen noch
                                Zärtlichkeit,
Ein blaues Licht unter Sternen.
Obsthaine verwaist, Bäume verrottet. Zu Limone leere
                                Spaliere.
Und wie wär's mit ein wenig Großzügigkeit irgendwo
Und den Anteil von der festen Abgabe zu kennen
                (scala altrui)
Gottes Auge bist du, verschließ dich
                        der Wahrnehmung nicht.
Und das Schöne in deinem Sinn, o Artemis
        Daphne feldein in sinnloser Hast.
Wenn das syrische Onyxgefäß aufgeschraubt wird.
    Aus dem Dunkel, Vater Helios, führst du,
doch der Sinn wie Ixion un-still, ewig kreisend.

CXIV

"Pas même Fréron
hais personne
pas même Fréron,"
"I hate no-one," said Voltaire
"not even Fréron.»
And before Mr Law scarely 300
and now 1800 great vessels
and he, John Law, died in Venice in poverty.
We far from recognizing indebtedness.
"not even Tim Pick"
"You respect a good book, contradicting it,
the rest aren't worth powder."

Amid corridors and ambassadors
glow worms and lanterns, and this moving is
from the inward
e di diversa natura (Giordano Bruno)
and in these triangular spaces?
And is here among serious characters
and not reasoning from a belly-ache.
Or that Ari might have heard about fishes,
thank Alex.
Falls white *bianco c(h)ade*
yet sentient
sees not.
Their dichotomies (feminine) present in heaven and hell.
Tenthrils trailing
caught in rocks under wave.
Gems sunned as mirrors, alternate.
These simple men who have fought against jealousy,
as the man of Oneida.
Ownership! Ownership!

CXIV

«Pas même Fréron
hais personne
pas même Fréron»,
«Ich hasse niemand», sagte Voltaire,
«nicht mal Fréron.»
Und vor John Law nicht ganz 300
heut aber schon 1800 Großmaster,
und er, John Law, starb mittellos in Venedig.
Fern sei es von uns, Dankesschuld einzugestehn.
«nicht mal Tim Pick»
«Ein gutes Buch ehrt man durch Einwände,
die anderen sind kein Pulver wert.»

In Korridoren, bei Ambassadeuren
Leuchtkäfer und Laternen, und diese
Bewegung tritt dem Inwendigen aus
e di diversa natura (Giordano Bruno)
und in diesen Dreiecksfeldern?
Und steht da unter ernstzunehmenden Denkern und
zieht seine Schlüsse nicht aus einem Bauchgrimmen.
Oder daß Aristoteles wohl Kunde von Fischen bekam
durch Alexander.
Es regnet Weiß *bianco c(h)ade*
doch das sinnenbegabte Wesen
sieht nichts.
Ihre Dichotomien (weiblich) zugegen in Himmel
und Hölle.
Seegräser züngelnd unterm Wogenschwall
im Felsgrund verfangen.
Edelsteine, sonnenstrahlig, reihum, als Spiegel.
Diese einfachen Leute, die gegen die Eifersucht
angingen, wie der Mann von Oneida.
Eigentum! Eigentum!

There was a thoughtful man named MacLeod:
to mitigate ownership.
And the literature of his time (Sandro's, Firenze) was
in painting.
Governed by wood (the control of)

木 mu$^{4.5}$

Another by metal (control of)
Fu Hi, etcetera.

This is not vanity, to have had good guys
in the family
or feminine gaiety – quick on the uptake
"All the same in a hundred years."
"Harve was like that" (the old cat-head
re a question of conduct.)
"the appointed when nothing can stop it,
unappointed when nothing can kill you."
Even old Sarah,
quick on the uptake
snobism – niente
the *tribù*.
Armes et blasons!
me foot!!
Al's conversation–reputed.
Old Joel's "Locke" found in Texas
and Del Mar vaguely on Assay Commission (H.L.P.)
if it was Del Mar.

Tanagra mia, Ambracia,
for the delicacy
for the kindness,
The grass flower clings to its stalk under Zephyrus.
Fear, father of cruelty,
are we to write a genealogy of the demons?
And on July 14th said:

War da ein nachdenklicher Mann namens MacLeod:
dem Eigentum Eintrag zu tun.
Und die Dichtung seiner Tage (Sandros, in Firenze) war
in der Malkunst enthalten.
Unterstand dem Holz (der Kontrolle)

木 mu$^{4.5}$

Ein andrer dem Erz (der Kontrolle)
Fu Hi, etcetera.

Dies ist nicht Eitelkeit: gestandene Männer in der Familie
gehabt zu haben, und muntere Weiblichkeit –
rasch von Begriff
«In hundert Jahren bleibt es sich eh gleich.»
«Harve war eben so» (die katzenköpfige Alte
in einer Benimm-Frage.)
«Berufen, wenn nichts es aufhält,
Unberufen, wenn nichts einen umbringt.»
Sogar die alte Sarah, rasch von Begriff
Snobismus – niente
der *tribù*.
Armes et blasons!
Laßt mich aus!
Al's Konversation – nach Hörensagen.
Des alten Joels «Locke» in Texas zutage
und Del Mar möglicherweise bei der Prüfungs-
Kommission (H.L.P.)
wenn es Del Mar war.
Tanagra mia, Ambracia,
des Zartgefühls halber,
der Teilnahme,
Grasährchen legt sich der Spindel an unter Zephyrus.
Angst, Ahnherr der Grausamkeit,
schreiben wir eine Genealogie der Dämonen?
Und bemerkte am 14. Juli:

"That lizard's feet are like snow flakes"
τετρᾰδακτῠλος
(pale young four toes)
ubi amor, ibi oculus.
But these had thrones,
and in my mind were still, uncontending
not to possession, in hypostasis
Some hall of mirrors.
Quelque toile
"au Louvre en quelque toile"
to reign, to dance in a maze,
To live a thousand years in a wink.
York State or Paris
Nor began nor ends anything.
Boy in the fruit shop would also have liked to write
something,
but said: "bisogna esser portato".
The kindness, infinite, of her hands.
Sea, blue under cliffs, or
William murmuring: "Sligo in heaven" when the mist
came to Tigullio.
And that the truth is in kindness.

«Das Echslein hat Füße wie Schneesternchen»
τετρᾰδακτῠλος
(bleiche junge Vierzeher)
ubi amor, ibi oculus.
Doch diese hatten Throne,
und waren still in meinem Sinn und ohne Widerstreit
nicht im Besitz, in Hypostasis
Irgendein Spiegelsaal.
Quelque toile
«au Louvre en quelque toile»
herrschen, tanzen in einem Labyrinth,
leben, eintausend Jahre in einem Nu.
York State oder Paris
Weder ein Anfang noch ein Ende war das.
Junge im Obstladen hätte auch gern geschrieben,
sagte aber: «bisogna esser portato.»
Die Teilnahme, maßlos, in ihrer Berührung.
Meer, blau an den Klippen, oder
William nuschelnd: «Sligo im Himmel» als der Nebel
sich senkte auf Tigullio.
Und daß Wahrheit im Teilnehmen ist.

From CXV

The scientists are in terror
and the European mind stops
Wyndham Lewis chose blindness
rather than have his mind stop.
Night under wind mid garofani
the petals are almost still
Mozart, Linnaeus, Sulmona,
When one's friends hate each other
how can there be peace in the world?
Their asperities diverted me in my green time.
A blown husk that is finished
but the light sings eternal
a pale flare over marshes
where the salt hay whispers to tide's change
Time, space,
neither life nor death is the answer.
And of man seeking good,
doing evil.
In meiner Heimat
where the dead walked
and the living were made of cardboard.

Aus CXV

Die Wissenschaftler packt das Grauen
und das europäische Denken steht still
Wyndham Lewis wählte Blindheit
auf daß sein Verstand nicht still stünde.
Nacht unterm Wind in den Nelken,
die Nelkenrüschen fast reglos
Mozart, Linnaeus, Sulmona,
Wenn unsre Freunde aneinander geraten
wie soll da Frieden sein auf der Welt?
Ihre Ausfälligkeiten erheiterten mich in meiner
grünen Zeit.
Eine Spelze, die's umtreibt, nicht mehr
doch das Licht singt allewege
ein Wetterleuchten über den Marschen
wo der Strandhafer zur Flutwelle zischelt
Zeit, Raum,
weder Leben noch Tod ist die Lösung.
Und der Mensch, aufs Gute bedacht,
der das Böse bewirkt.
«In meiner Heimat»
wo die Toten gewandelt sind
und die Lebenden aus Pappmaché waren.

CXVI

Came Neptunus
his mind leaping
like dolphins,
These concepts the human mind has attained.
To make Cosmos
To achieve the possible
Muss., wrecked for an error,
But the record
the palimpsest
a little light
in great darkness
cuniculi.
An old "crank" dead in Virginia.
Unprepared young burdened with records.
The vision of the Madonna
above the cigar butts
and over the portal.
"Have made a mass of laws"
(mucchio di leggi)
Litterae nihil sanantes
Justinian's,
a tangle of works unfinished.

I have brought the great ball of crystal;
who can lift it?
Can you enter the great acorn of light?
But the beauty is not the madness
Tho' my errors and wrecks lie about me.
And I am not a demigod,
I cannot make it cohere.
If love be not in the house there is nothing.
The voice of famine unheard.
How came beauty against this blackness,
Twice beauty under the elms
To be saved by squirrels and bluejays?

CXVI

Kam da Neptunus
sein Sinn spielend
wie eine Schule von Tümmlern,
Solche Einsichten hat der menschliche Geist sich
erschlossen.
Kosmos auszulösen, das Mögliche auszurichten
Mussolini, gekentert an einer Abirrung,
Doch die Kunde,
das Palimpsest
ein kleines Licht
im großen Dunkel
cuniculi.
Ein alter «Spinner» tot in Virginia.
Unberatene Jugend erdrückt von Zeugnissen.
Der Madonna Erscheinen
über Zigarrenstummeln,
im Bogenfeld des Portals.
«Haben einen Wust von Gesetzen gemacht»
(mucchio di leggi)
Litterae nihil sanantes
Justinians,
Gewirr von liegengebliebener Arbeit.

Die große kristallene Sphäre hab ich geholt,
wer kann sie heben?
Findst du Einlaß in die große Lichteichel?
Doch die Schönheit liegt nicht im Wahnsinn,
ob mich auch Wrack und Irrtum umgibt.
Ich bin kein Halbgott,
es will sich mir nicht einfügen.
Ist keine Liebe im Haus, so ist Nichts da.
Die Stimme des Hungers verhallt.
Wie kam Schönheit vor diese Schwärze,
Schönheit, zweimal unter den Ulmen
Von Eichhorn und Häher gerettet sein?

"plus j'aime le chien"
Ariadne.
Disney against the metaphysicals,
and Laforgue more than they thought in him,
Spire thanked me in proposito
And I have learned more from Jules
(Jules Laforgue) since then
deeps in him,
and Linnaeus.
chi crescerà i nostri
but about that terzo
third heaven,
that Venere,
again is all "paradiso"
a nice quiet paradise
over the shambles,
and some climbing
before the take-off,
to "see again",
the verb is "see", not "walk on"
i.e. it coheres all right
even if my notes do not cohere.
Many errors,
a little rightness,
to excuse his hell
and my paradiso.
And as to why they go wrong,
thinking of rightness
And as to who will copy this palimpsest?
al poco giorno
ed al gran cerchio d'ombra
But to affirm the gold thread in the pattern
(Torcello)
al Vicolo d'oro
(Tigullio).

«plus j'aime le chien»
Ariadne.
Disney gegen Metaphysik,
und in Laforgue mehr als sie geahnt,
André Spire wußte mir Dank in proposito
Und habe seither noch mehr von Jules gelernt
(Jules Laforgue)

Meergründe in ihm,
und Linnaeus.
chi crescerà i nostri
doch was den terzo anlangt,
den dritten Himmel
der Venus,
so ist's wieder «ganz Paradiso»
ein Paradies, das schön friedlich ist
über dem Hickhack,
und es geht etwas bergan
vor dem Absprung,
um «wieder zu sehen»,
das Zeitwort ist «sehen», nicht «weitergehn»
will sagen, es fügt sich schon ein
auch wenn es meine Stichworte nicht tun.
Viele Irrtümer,
etwas an Richtigkeit,
mag seine Hölle aufwiegen
und mein Paradiso.
Und warum sie fehlgehen,
da ihr Sinn nach Richtigkeit steht.
Und wer dies Palimpsest ausschreiben wird?
al poco giorno
ed al gran cerchio d'ombra
Doch den goldenen Faden im Muster bezeugen
(Torcello)

al Vicolo d'Oro
(Tigullio).

To confess wrong without losing rightness:
Charity I have had sometimes,
                I cannot make it flow through.
A little light, like a rushlight
                to lead back to splendour.

Fehler eingestehn, doch die Richtigkeit nicht verlieren:
Nächstenliebe hab ich manchmal gekannt,
sie will sich mir nicht ergießen.
Ein kleines Licht, wie ein Binsendocht
das zurückführt in Lichtglanz.

Notes for CXVII et seq.

For the blue flash and the moments
benedetta
the young for the old
that is tragedy
And for one beautiful day there was peace.
Brancusi's bird
in the hollow of pine trunks
or when the snow was like sea foam
Twilit sky leaded with elm boughs.
Under the Rupe Tarpeia
weep out your jealousies
To make a church
or an altar to Zagreus Ζαγρεύς
Son of Semele Σεμέλη
Without jealousy
like the double arch of a window
Or some great colonnade.

Notizen zu CXVII et seq.

Das Blaublinken einst, die Augenblicke
benedetta
die Jungen für die Alten
das ist Tragik
Und einen strahlenden Tag lang war Frieden.
Brancusis Vogel
in der Höhlung von Föhrenstämmen
oder als der Schnee war wie Meergischt
Dämmriger Himmel im Maßwerk von Ulmengezweig.
Unter dem Rupe Tarpeia
weint aus eure Eifersüchte
Eine Kirche zu bauen
oder einen Altar für Zagreus Ζαγρεύς
Sohn der Semele Σεμέλη
Ohne Eifersucht
wie ein doppelter Fensterbogen
Oder ein großer Säulengang.

M'amour, m'amour
what do I love and
where are you?
That I lost my center
fighting the world.
The dreams clash
and are shattered
and that I tried to make a paradiso
terrestre.

La faillite de François Bernouard, Paris
or a field of larks at Allègre,
"es laissa cader"
so high toward the sun and then falling,
"de joi sas alas"
to set here the roads of France.

Two mice and a moth my guides
To have heard the farfalla gasping
as toward a bridge over worlds.
That the kings meet in their island,
where no food is after flight from the pole.
Milkweed the sustenance
as to enter arcanum.

To be men not destroyers.

M'amour, m'amour
was liebe ich und wo
bist du geblieben?
Ich habe meine Mitte verloren
da ich antrat gegen die Welt.
Träume prallen aufeinander
und zerschellen
und daß ich mich machte an ein Paradiso
terrestre.

La faillite de François Bernouard, Paris
oder ein Lerchenfeld zu Allègre,
«es laissa cader»
so steil auf die Sonne zu, dann das Fallen,
«de joi sas alas»
die Straßen Frankreichs hierher zu legen.

Zwei Mäuse und eine Motte als Wegführer
Gehört zu haben wie der Farfalla schwer atmet
zu einem Brückenschlag über Welten.
Daß die Könige sich einfinden auf ihrer Insel
wo es nichts zu essen gibt nach dem Flug vom Erdpol.
Wolfsmilch zur Zehrung
um einzugehn ins Arcanum.

Menschen zu sein, nicht Verheerer.

CXX

I have tried to write Paradise

Do not move
Let the wind speak
that is paradise.

Let the Gods forgive what I
have made
Let those I love try to forgive
what I have made.

CXX

Ich versuchte, ein Paradiso zu schreiben

Rühre dich nicht
Laß den Wind reden
so ist es das Paradies.

Laß die Götter mir nachsehn, was ich
hervorgebracht
Laß die, die ich liebe, mir nachsehn
was ich hervorgebracht.

Addendum for C

The Evil is Usury, *neschek*
the serpent
neschek whose name is known, the defiler,
beyond race and against race
the defiler
Τόκος hic mali medium est
Here is the core of evil, the burning hell without
let-up,
The canker corrupting all things, Fafnir the worm,
Syphilis of the State, of all kingdoms,
Wart of the common-weal,
Wenn-maker, corrupter of all things.
Darkness the defiler,
Twin evil of envy,
Snake of the seven heads, Hydra, entering
all things,
Passing the doors of temples, defiling the Grove
of Paphos,
neschek, the crawling evil,
slime, the corrupter of all things,
Poisoner of the fount,
of all fountains, *neschek,*
The serpent, evil against Nature's increase,
Against beauty
Τὸ καλόν
formosus nec est nec decens
A thousand are dead in his folds,
in the eel-fisher's basket
Χαῖρη! Ω Διώνη, Χαῖρη
pure Light, we beseech thee
Crystal, we beseech thee
Clarity, we beseech thee
from the labyrinth
Sero, sero! learned that Spain is mercury,
that Finland is nickel. Late learning!

Addendum für C

Das Übel heißt Wucher, *Neschek*
die Natter
Neschek, berüchtigter Namen, der Besudler,
jenseits aller Rassen und gegen sie
Besudler
Τόκος hic mali medium est
Hier das Kernhaus des Bösen, die sengende Hölle
ohne Ablaß
Der Krebsfraß an allen Dingen, Fafnir der Wurm,
Lustseuche am Staat, an allen Königreichen,
Warze auf dem Gemeinwohl,
Gewebswucherung, die alle Dinge befällt.
Eine Düsternis, die verdirbt,
Zwillingsübel der Scheelsucht,
Schlange mit sieben Köpfen, Hydra, die überall
eindringt,
Über die Schwelle des Tempels kommt, den Hain
von Paphos entweiht,
Neschek, das kriechende Übel,
Schleim, Fäulniserreger an allen Dingen,
Vergifter des Brunnens,
von allen Brunnen, *Neschek,*
Die Natter, Fäule gegen natürlichen Zuwachs,
Gegen das Schöne
Τὸ καλόν
formosus nec est nec decens
Eintausend in ihren Bauchfalten tot,
in des Aalfängers Reuse
Χαῖρη! Ω Διώνη, Χαῖρη
heiteres Licht, zu dir flehen wir
Kristall, zu dir flehen wir
Klarheit, zu dir flehen wir
aus dem Labyrinth.
Sero, sero! Erfuhren, daß Spanien Quecksilber bedeutet
Und Finnland Nickel. Späte Erfahrung!

Sassoon doing evil in place of the Rothschild
"A pity that poets have used symbol and metaphor
and no man learned anything from them
        for their speaking in figures."

All other sins are open,
Usura alone not understood.
Opium Shanghai, opium Singapore
"with the silver spilla...
                amber, caught up and turned..."
                                        Lotophagoi

[Circa 1941]

Sassoon richtet Böses an statt dem Rothschild
«Schade, daß die Dichter stets Symbol und Metapher
benutzten
und kein Mensch aus ihnen schlau wurde,
da sie in Gleichnissen sprachen.»

Alle anderen Sünden liegen zutag,
Usura allein bleibt undurchsichtig.
Opium Shanghai, Opium Singapore
«mit der silbernen Spilla...
Bernstein, gespult, ausgezogen, gedreht...»
Lotophagoi

[Circa 1941]

Fragment

Now sun rises in Ram sign.
With clack of bamboo against olive stock
We have heard the birds praising Janequin
and the black cat's tail is exalted.

The sexton of San Pantaleo plays "è mobile" on his
carillon
"un' e due... che la donna è mobile"
in the hill tower (vidit et urbes)
And a black head under white cherry boughs
precedes us down the salita.
The water-bug's mittens show on the bright rock
below him.

[Circa 1941]

Fragment

Nun steigt die Sonne im Widder.
Mit dem Klacken von Bambus an Ölbäumen
Wir haben die Vögel gehört, die Janequin priesen
und des Katers Rute zeigt himmelan.

Der Küster von San Pantaleo klimpert auf dem
Glockenspiel
«un' e due … che la donna è mobile»
unterm Turmhelm am Berg (vidit et urbes)
Und ein schwarzer Schopf unter weißen Kirschzweigen
zieht uns voran die salita hinab.
Die Blattfüße des Wasserflohs abgelichtet auf hellem
Grund.

[Circa 1941]

1) 19.2.95
Beste: „letzte Verse"
frammento per
„Cantos CX–CXX"
von
Ezra Pound

CANTOS CX–CXX: ENTWÜRFE UND FRAGMENTE

Nachwort von Eva Hesse

Mit den Drafts & Fragments of Cantos CX–CXX *kam eines der ehrgeizigsten literarischen Abenteuer unseres Jahrhunderts zu einem Ende –* nicht *zu einem Abschluß, obwohl der Entwurf zu Canto* CXVI, *in Ermangelung von etwas anderem, als eine letzte Bestandsaufnahme gelten kann. Bereits im Jahr 1908 hatte der damals vierundzwanzigjährige Ezra Pound in einem Brief seinen Plan zu einem «großen vierzigjährigen Epos» erwähnt. Tatsächlich erstreckte sich die Arbeit an den* Cantos *dann über 52 Jahre (1917–1969), und das Werk umfaßt in seiner jetzt vollständig vorliegenden Form 803 Buchseiten. Das Wort «vollständig» erscheint dennoch in diesem Zusammenhang nicht recht angebracht, denn es handelt sich hier um eine gänzlich offene, vom Leben getragene Dichtung, die gar nicht anders als mit dem natürlichen oder künstlerischen Tod ihres Autors enden könnte, auch wenn er selbst sich in Canto* CXVI *darüber grämt, daß sich sein Gedicht nicht zu einem letzten Sinnzusammenhang geschlossen habe.*

Was für einen Sinn sollte das von der Dichtung eingefangene Leben aber über den Prozeß dieses Lebens hinaus noch haben? Das ist eine Frage, die dem stumpfen positivistischen Bewußtsein unserer Epoche schon viel zu allgemein gestellt ist. Daß sie Pound trotz seiner entschlossenen «wissenschaftlichen» Offenheit für alle Erfahrungen zeitlebens vorantrieb, offenbart einerseits einen tief anachronistischen Zug dieses «avantgardistischen» Autors, andererseits aber auch ein grundlegendes Versäumnis unserer säkularisierten wertneutralen Denkweise. Genau das Bedürfnis nach einem sinnerfüllten Leben in dem neuzeitlichen Kontext war nun die eigentliche Triebfeder von Pounds Canto-Dichtung. Sie sollte den Mitmenschen des Dichters den Weg zu einem «paradiso terrestre» weisen (Canto CXVII*), einem* irdischen *Paradies wohlgemerkt, ohne Rückgriff auf irgendwelche transzendentalen Behelfe oder Wertsetzungen.*

Ganz anders als seinen Freunden Yeats und Eliot war es Pound als einem selbsternannten Wortführer des modernen Bewußtseins nicht länger möglich, die tradierten und transzendent gesetzten Werte der westlichen Tradition auf Treu und Glauben zu übernehmen, denn das hätte das Außerachtlassen der historischen Dimension bedeutet. Pound aber definierte sein Epos ja gerade als «ein Gedicht, das die Geschichte einbegreift», einen Text also, der einerseits vom erreichten Bewußtseinsstand ausgeht und diesen andererseits kritisch an den bisherigen menschlichen Erfahrungen mißt. Etwa sind die Cantos *in gewisser Hinsicht eine thematische Wiederaufnahme der* Divina Commedia *von Dante, die ihrerseits eine Wiederaufnahme der* Äneis *von Vergil, die wiederum eine Wiederaufnahme der homerischen* Odyssee *war – alles Epen, die den ganzen erreichten Wissenskreis ihrer je eigenen Zeit ausfuhren und der Mitwelt durch ihre Synthese ein gemeinsames Fundament der kulturellen und politischen Verständigung boten. Wenn also das Modell der Wanderungen Dantes von der Hölle durch das Fegefeuer zum Paradies an vielen Stellen der* Cantos *durchscheint, so ist es doch unter das moderne Bewußtsein subsumiert worden: «Ich bin den drei Unterteilungen der* Divina Commedia *nicht gefolgt. Man kann dem Dantischen Kosmos in einem Zeitalter des Experiments nicht folgen», sagte Pound 1962 in einem späten Interview.*
Mit dem Aufkommen des experimentellen Beweises und der modernen Naturwissenschaft, die in unserer Zeit zum physikalischen Felddenken geführt hat, mit dem Siegeszug der Prosa in der Literatur der letzten 250 Jahre, muß die Suche nach dem Sinn, die Pound mit seinem Gedicht antritt, von völlig neuen Grundannahmen ausgehen. So bedeutet gerade die prosaische, kritische Geisteshaltung der Neuzeit für Pound etwas, das unbedingt zum Bewußtseinsstand des Jahrhunderts gehört und das er deswegen auf keinen Fall aus seinem «Epos» aussparen darf. «Fast alle gute Prosa», so definiert er in der Zeit, da er sich über die Grundbegriffe seines Unternehmens klar zu werden beginnt, «entspringt einem Instinkt der Verneinung», und dieser Instinkt tendiert immer «zu einer detaillierten, überzeugenden Analyse von etwas Mißlichem, von etwas, das

man beseitigen möchte». Die Poesie andererseits ist seit jeher «das Geltendmachen von etwas Positivem, genauer gesagt, von einem Lebensverlangen, und sie hat die längere Gültigkeit. ... Fast alle gute Dichtung besagt, daß etwas lebenswert ist, oder ereifert sich gegen etwas, das dem entgegensteht, macht jedenfalls emotionale Werte geltend. Die beste Prosa ist oder war stets eine Darstellung (so komplex und kunstvoll auch immer) von zeitbedingten Sachverhalten, von meist unschönen, bestenfalls der Abhilfe bedürftigen Verhältnissen. ... Dichtung ist gleich emotionale Synthese, so real, so realistisch wie nur irgendeine prosaische oder verstandesmäßige Analyse» (1918, «Henry James» in: The Literary Essays of Ezra Pound, *London 1954, S. 324).*

Synchron mit der literarischen Aufspaltung der Sensibilität in Prosa und Poesie hat die Aufklärung und ihr Ausläufer, die zeitgenössische positivistische Denkweise, das «Prinzip der Wertfreiheit der Wissenschaft auf der Basis der Unterscheidung von Tatsachenaussagen und Werturteilen» (Max Weber) zum allgemeinen Axiom des Denkens gemacht. Jede Sinngebung muß fortan so erstellt werden, daß das objektive Faktische und die subjektive Wertung sich zu einem neuen verbindlichen Konsensus vereinigen können. Die subjektive Beglaubigung muß ebenso in den Prozeß hineingenommen werden wie die objektive Darstellung. «Auch in der Naturwissenschaft ist der Gegenstand der Forschung nicht mehr die Natur an sich, sondern die der menschlichen Fragestellung ausgesetzte Natur» (Werner Heisenberg). Der Traum von der absoluten Objektivität der «Tatsachenaussage» scheint damit ausgeträumt, die Erkenntnis kann nur etwas Immanentes sein, d. h. eingeschlossen in der Erfahrung des Individuums. Dementsprechend kommt es Pound in den Cantos *zunächst darauf an, den Prozeß der eigenen Gewinnung von Daseinswerten einzufangen und damit gewissermaßen nach den Regeln der empirischen Naturwissenschaften zu dichten. Unter den Trümmern der offiziellen objektiven Tradition sucht er nach Wahrheiten, die im Leben des einzelnen eine subjektive Deckung haben: die neue Ordnung, die es zu finden gilt, soll ganz aus ihrer* immanenten *Gesetzlichkeit leben.*

Für sein episches und existentielles Experiment stellt sich Ezra Pound als Versuchsperson zur Verfügung, immer in dem festen Vertrauen auf die überragende poetische Sensibilität, die es ihm, wie er glaubt, mittels Sympathie und Urteil, Intuition und Vernunft, Poesie und Prosa ermöglichen würde, die geistigen Normen einer lebensfähigen modernen Menschheitskultur für alle zu ermitteln. Leben und Werk sind dieserart in den Cantos eine einzigartige Verbindung eingegangen und können schwerlich so unabhängig und getrennt betrachtet werden, wie es eine ästhetisch orientierte Kritik gern gehabt hätte. Es ist hier ebenso falsch zu sagen, es käme allein auf das dichterische Kaliber der Cantos an, alles andere sei unbeträchtlich und vergänglich, wie es falsch ist zu meinen, der Mensch Pound könne uns, weil er sich politisch und moralisch so sehr vergriffen hat, nichts zu sagen haben. Wieder und wieder kritisiert oder negiert bei Pound das Leben das Werk und das Werk das Leben, oft mit schneidender Ironie. Das genaue Wie und Warum dieser Verzahnung muß an anderer Stelle untersucht werden. Für jetzt mag sich der Leser mit der Feststellung zufrieden geben, daß es keine Patentformel für eine hundertprozentig «gerechte» Beurteilung des Falles Pound gibt; er bleibt eine ewige Herausforderung an die rationalen und emotionalen Reaktionsfähigkeiten des Lesers, wenn nicht ein immerwährender Vorwand für Selbstgerechtigkeiten. Auf lange Sicht werden die Cantos vornehmlich diejenigen ansprechen, die es ertragen können, mit Ungewißheiten zu leben, denn sie führen eigentlich immer wieder zu ersten Fragen, nicht zu letzten Antworten – was freilich nicht in der Absicht ihres Autors gelegen hatte. Doch ist hier vieles der Absicht des Autors entzogen: in sehr hohem Maße hat die Zeitgeschichte an diesem Gedicht mitgeschrieben und seinen Verlauf gesteuert.

Um den richtigen Stellenwert der vorgelegten letzten Texte im Gesamtzusammenhang der Cantos einigermaßen zu verdeutlichen, sollen hier ganz knapp einige der Kursabweichungen des Gedichts nachgezeichnet werden. Zwischen den Jahren 1917 und 1924 hatte Pound die ersten Cantos bis zu Canto XIII publiziert. Dann, in der Zeit 1924/25, erfolgte eine völlige Um-

gruppierung des Gedichtes, bei der große Teile der ersten Fassung verworfen wurden. Dieser Fehlstart und Neuanfang spiegelt einen Schub in der Bewußtwerdung des Autors, der vornehmlich auf das traumatisierende Erlebnis des Ersten Weltkrieges zurückzuführen ist. Die kumulative Wirkung der ewigen finanziellen Misere, in der er und seine berühmten und weniger berühmten Weggefährten lebten, sowie die allgemeine Brutalisierung des Krieges, die so viele der vorherrschenden Illusionen über die Segnungen der europäischen Zivilisation zerstörte, hatte Pound zu der Erkenntnis gebracht, daß die wahre Wurzel der Kriege in den wirtschaftlichen Zyklen des Großkapitalismus läge. Nun war es ihm nicht länger möglich, sein Gedicht als die Aufzeichnungen einer hochgeistigen Sensibilität innerhalb *der westlichen Zivilisation zu sehen. Er ging einen Schritt weiter und konzipierte sein Epos als den Versuch eines Ausbruchs aus der lebensfeindlichen hochindustrialisierten Zivilisation und dem herrschenden Europazentrismus, den er stellvertretend für alle unternimmt.*

Die verworfenen Cantos hatten in der Ich-Form eingesetzt und insofern das Genre des lyrischen Bekenntnisses gewahrt, zu dem sich Pound in den Gedicht-Zyklen der vorhergehenden Jahre bekannte, etwa in der Huldigung an Sextus Propertius *(1919), worin ein Dichter zu Wort kommt, der allein aus dem intimen Erlebnisbereich heraus, der eigenen Autobiographie, spricht und jeden öffentlichen bzw. politischen Auftrag als Anfechtung für die eigene Integrität ablehnt. Sein Anspruch auf Nachruhm beruht infolgedessen einzig auf seiner Liebesdichtung, die er der Totengöttin Persephone vorzulegen gedenkt:*

> *Auch soll, wenn ich beigesetzt werde, kein langer Zug*
> *hinterhergehn mit angestammten Laren und Bildern,*
> *Keine Tuba von meiner Hohlheit tönen*
> ...
> *Nur ein Kleine-Leute-Umzug.*
> *Genug, genug, ja reichlich –*
> *Drei Bücher werden da sein, bei meinem Leichenbegängnis,*
> *Die ich Persephone mitbring, keine unbeträchtliche Gabe.*
> (Personae/Masken, *Zürich 1959, S. 355)*

Auf diese frühe ästhetizistische Einstellung kommt Pound 1959 in der großen Desillusion der Drafts & Fragments *zurück, wie er uns durch Zitate aus dem eigenen Frühwerk zeigt. Doch zu Beginn der* Cantos *hatte er in voller Absicht einen öffentlichen, wiewohl selbstgestellten Auftrag übernommen, spricht also nicht länger für sich allein, sondern für alle Menschen. In der revidierten Fassung der ersten Cantos bringt er dies zum Ausdruck, indem er sich nicht in eigener Person zu Wort meldet, sondern über die Persona bzw. Maske des Odysseus. Er knüpft damit zugleich bei der frühsten epischen Tradition des Westens an. Odysseus/Pound erscheint auf diese Weise als der Archetyp des fahrenden Menschen schlechthin, des Menschen, der sich aufs unbekannte Meer hinauswagt und der aus seiner Ungewißheit singt. Diese Ungewißheit über den Ausgang des Ganzen ist aber gleichwohl von der Hoffnung auf eine Heimkehr des Menschen in sein eigenes Königreich getragen, repräsentiert also den klassischen epischen «nostos».*

Die Identität des Odysseus besteht für Pound vor allem in dessen unbegrenzter Anpassungsfähigkeit, seiner sensiblen Wendigkeit. Er definiert diese Tausendsassa-Natur mittels der neuplatonischen Formel: «omniformis omnis intellectus est» (Porphyrios, zitiert von Psellos in De Occasionibus, *Kap.* XIII*). Der menschliche Geist, den Odysseus/Pound verkörpert, ist «allgestaltig», d.h. er kann die Form aller Dinge annehmen und abbilden, er ist auf keine Weise festgelegt oder vorprogrammiert. Das dichterische «Ich» ist anfänglich mithin als eine ebenso offene Form gedacht wie das Gedicht selber. Eine gewisse Prädisposition für diese Auffassung der offenen Identität brachte Ezra Pound in einer angeborenen Ichschwäche mit. So hatte er schon früh begonnen, «selbst-los» in der Persona oder Maske anderer Dichter zu schreiben. Die Persona wurde dabei für ihn zunehmend zu einem Mittel, den Raum zwischen Subjektivität und Objektivität, Wertung und Fakt, emphatisch und kritisch auszutasten, wobei die Stimme des realen Gegenübers – oft, aber nicht unbedingt, die eines anderen Dichters – zeitweilig so übermächtig werden konnte, daß ihm die Persona unversehens in das reine Zitat oder die direkte Übersetzung* *umschlug. In dieser Funktion wird in den* Cantos *die Persona nun zu einem konstitutiven Element seines kritischen Dialogs mit der Geschichte.*

In dem ersten Teil der Cantos, *den wir bis zu den* Pisaner Cantos *(LXXIV–LXXXIV) rechnen, existiert das Ich des Dichters in reiner Passivität – er ist nur das Bewußtsein, über das die verschiedenen Entdeckungen der Erkundungsfahrt durch Räume und Zeiten hereinbrechen. Dazu gehören, abgesehen von den rein mythischen Bereichen, in denen Pounds Dichtersprache ihren ganzen Reichtum entfalten kann, verschiedene kulturelle Aufbrüche der westlichen Tradition: die Renaissance, die Umwertung der bestehenden politischen Werte durch die amerikanische Revolution und das Einsickern der praktischen Staatsweisheit Chinas, dieses «Anti-Europa» (Leibniz), in das Bewußtsein der Aufklärung. Diese Motive dürfen als «semina motuum» gesehen werden, als die Wendepunkte, in denen die Möglichkeit eines Neubeginns gegeben war, denn die Geschichte ist hier wichtig nicht um des Gewesenen, sondern um des Bleibenden willen, das ermittelt und wieder belebt werden kann, sobald einmal «das Wesen des Irrtums», woran es scheiterte, erkannt ist. Pound begreift mithin die Revolution, die er für die westliche Welt anstrebt, im Wortsinn als eine «Rückwendung», eine Befragung der Toten (Nekyia) und eine Wiederbesinnung aufgrund der Anfänge. Sehr weitgehend gehört das historische Augenmerk der* Cantos *darum dem «Wesen des Irrtums», das Pound in der Entwicklung zum Großkapitalismus, der imperialistischen Ausbeutung und den Finanzmanipulationen der Banken zu fassen vermeint. Die Unmenge von trockenem, prosaischem, faktischem Material, das er in sein Epos einführt, immer in der Überzeugung, daß diese Dinge, beim Wort genommen, für sich selber sprächen, erfüllt so die Funktion einer kritischen Erdung. Denn Pound ist sich sehr wohl bewußt, daß sein Experiment weit über den rein literarischen oder «schöngeistigen» Lebensbereich hinausgeht. Das «gute Leben», dessen Geheimnis er zu ergründen sucht, kann nur zu einem verschwindend kleinen Teil «poetisch» sein. So setzt er den prosaischen Ballast von Fakten, Dokumenten, Gesetzespara-*

graphen, Alltagsbeobachtungen usw. in voller Absicht ein, damit sich sein Gedicht nicht auf Kosten der Wahrheit zu einer artifiziellen ästhetischen Reinheit versteige.
*Doch das objektive Gewicht all dieser historischen Figuren, ökonomischen Sachverhalte, Taten und Untaten überwältigt den Poeten Pound zusehends, bis seine Subjektivität unter der Masse des kritischen Materials ganz verschwunden ist. Er ist nur noch das anonyme Bewußtsein, dem diese Wahrnehmungen unterlaufen. Die Dialektik zwischen Subjekt und Objekt, Innenwelt und Außenwelt, Synthese und Analyse wird immer einseitiger. Merklich versandet ihm das Gedicht. In den Jahren des Zweiten Weltkrieges, als er seine Ansprachen über den römischen Sender an seine Landsleute richtete, hatte er sich dann soweit von seinem eigentlichen poetischen Nährboden entfernt, daß lediglich zwei Cantos (*LXXII *und* LXXIII*) entstanden, beide in italienischer Sprache und bis heute nur privat veröffentlicht. Er war in mehr als einer Beziehung isoliert und dem wirklichen Leben entfremdet. Eine Vitalisierung erfuhr das Gedicht erst wieder mit den* Pisaner Cantos. *Denn nun, im Straflager von Pisa, bekommt er auch im wirklichen Leben zu spüren, was die Natur des «offenen» Helden impliziert:*

OY̓ TIS, OY̓ TIS? Odysseus
mein Familienname
(Pisaner Cantos, *Zürich 1969,* LXXIV, *S. 7)*

Odysseus ist οὔτις (griech. «Niemand»), wie er dem Zyklopen auf die Frage, wer er sei, antwortet: er ist der passive Held, der «Dulder Odysseus», fremden unerforschlichen Mächten in die Hand gegeben. Im Straflager der amerikanischen Armee wurde der sechzigjährige Pound bekanntlich drei Wochen lang unter freiem Himmel in einen Käfig eingesperrt, was zu einem psychischen Zusammenbruch, totalem Gedächtnisverlust und schweren Bewußtseinsstörungen führte. Später, in den Monaten der Einzelhaft, begann er noch unter der Einwirkung dieses Traumas mit der Niederschrift der Pisaner Cantos, *in denen wir Zeugen eines dramatischen Vorgangs werden, nämlich wie Odysseus/Pound sich nach dem großen Schiffbruch*

als das Floß entzweiging und sich die Wasser
über mir verliefen
(op. cit., LXXX, *S. 179)*

aus seinen Erinnerungen – eben an die Taten, Menschen, Bücher der vorangegangenen Cantos *– eine Identität rekonstruiert. An die Stelle der motivischen Exposition der ersten 30 Cantos und der faktischen Exposition der darauffolgenden 42 tritt nun, wie Hugh Kenner schreibt: «die persönliche Synthese, das Umsetzen der Vorstellungen eines ganzen Lebens in innere Tätigkeit als Rückhalt, Nährboden und Verwandlung von Wissen in Weisheit»* (The Poetry of Ezra Pound, *New York 1951). Was der Dichter, der soeben der «dunklen Nacht der Seele» (*LXXIV*, 29, 31, 33) entronnen ist, wieder aufbaut, ist jedoch eine Identität besonderer Art, die er in den Worten «amo ergo sum» (*LXXX*/139) zusammenfaßt: «Er existiert nur insoweit, wie die Dinge und Menschen, die er liebt, seine Existenz definieren. Und inmitten von Tod und Zerrüttung sind es Pounds Erinnerungen und Pounds dichterische Kraft, die die Umrisse und das Sosein der Dinge, die er liebt, bewahren» (George Dekker,* Sailing after Knowledge, *London 1963). Da Liebe und Erinnerung («Die Musen sind Töchter der Erinnerung»,* LXXIV*/49) ihn hier zunächst leiten, erhalten diese überaus fragmentierten Cantos im ganzen einen bejahenden Ton, der den Eindruck erweckt, daß der Autor nun beginnt, in die Bewußtseinslage seines Paradiso einzutreten. Wenn rings um ihn die äußere Ordnung der Dinge zerbrochen ist, so besitzt sie der Dichter, wie er uns sagt, nun in seinem Inneren, von wo sie in dichterische Taten umgesetzt werden kann. Zusammen mit dem Erstarken des persönlichen Elements in diesen Cantos geht somit die Vertiefung der Auffassung von seiner kollektiven Rolle als Stellvertreter der Menschheit, der hier die Geschichte als die spätbürgerliche Tragödie Europas und Amerikas am eigenen Leibe erleidet. Diese stellvertretende Funktion, in die er die Überzeugung von seiner Berufung als sensibles Wahrnehmungsorgan der Gattung Mensch einbringt, bestimmt von nun an den weiteren Verlauf des Gedichtes – durchaus nicht immer im positiven Sinn, denn in den Cantos der Anstaltsjahre* *sollte sich daraus eine unverkennbare paranoische Tendenz entwickeln.*

Alles, was Pound von nun an in den Cantos *zu Papier bringt, ist nämlich gezeichnet von den Verunsicherungen, die er von außen durch die Verfemung seitens der Gesellschaft erfuhr und von innen durch zunehmend unkontrollierbarere Aufbrüche aus seinem Unbewußten. Auf beiden Gebieten versucht er sein Verständnis vom autonomen Ich zu behaupten als eine unabdingbare Voraussetzung der eigenen überdurchschnittlichen Sensibilität, die er ja als «omniformis», d.h. frei beweglich, bestimmt hatte. Von den beiden Canto-Bänden, die den* Pisaner Cantos *folgten, entstanden die* Rock-Drill Cantos *(1955) insgesamt, die* Thrones *(1959) zum Teil in der staatlichen Irrenanstalt von Washington, wo der Autor zwölfeinhalb Jahre lang inhaftiert war. Beide sind unverkennbar von diesem Erlebnis geprägt. Etwa erklingt in den* Rock-Drill Cantos *(*LXXXV–XCV*) mit der Suche nach einer äußeren Ordnung, die in der Erkundung der verschiedenen systembildenden Urkunden und Gesetzbücher besteht, wieder die objektivere epische Stimme des Dichters, aber die persönliche Stimme fällt ihr öfter als zuvor ins Wort und bringt mitunter große lyrisch-beschwörende Passagen hervor. Der aus der menschlichen Gesellschaft ausgestoßene Dichter, der nun die paradiesische Bewußtseinslage anstrebt und «das Überwiegen des Wohlwollens» als den Haupttenor dieser Cantos bezeichnet, befindet sich jedoch letztlich auf der Flucht vor dem Alptraum des inneren Chaos, das er erfahren hat, und sucht, ganz im Gegensatz zu den früheren Cantos, Halt in rein legistischen Ordnungsprinzipien. An die Stelle der Eigengesetzlichkeit der Dinge tritt nun die Gesetzgeberei. In den Wiederaufnahmen früherer Themenkreise, wie der chinesischen und amerikanischen Geschichte, herrscht zunehmend ein rechthaberischer und dogmatischer Ton, denn der Autor ist nun felsenfest von einer «Verschwörung gegen die Intelligenz» überzeugt – eine bemerkenswerte Umkehrung der sonst von der Reaktion vertretenen These von einer «Verschwörung der Intelligenz». Gegenüber der historischen Verallgemeinerung, die nur die «Dynamik» der Ereignisse sehen will, besteht Pound auf dem faktischen herausge-*

lösten Detail, das seiner Meinung nach die Zusammenhänge schlaglichtartig erhellt: «Die Urkunden kennen / Das Böse vom Guten zu kennen / Wissen, wem man vertrauen kann» (LXXXIX/*590*).

Vor allem beruft er sich nun auf Werke und Urkunden, die nach seiner Meinung von der Schulwissenschaft mit böswilligem Bedacht vernachlässigt worden sind, aber eigentlich in die Lehrpläne der Schulen und Hochschulen gehörten. «Pounds Werk», schreibt Hugh Kenner über diese Cantos, «wird implizite durch zwei Themen polarisiert: dem Helden und Empörer im Exil und dem allmählichen Werden der Ordnung aus dem Chaos, also die Geschichte einerseits des Odysseus und andererseits der Geburt der Aphrodite aus dem Meer. Der Typus des Odysseus definiert und normt alle umherschweifenden bzw. verfemten bzw. vergessenen bzw. kämpfenden Helden Pounds: die Troubadours, Dante und Ovid als die verbannten Dichter, Fenollosa und Dolmetsch, die von den Fachleuten übergangen werden, Frobenius, der mit unstillbarem Wissensdurst durch Afrika zieht, Agassiz, der von den Anhängern der Evolutionslehre abgeschrieben wird, Douglas und Gesell, Sigismundo, Mussolini – jeder von ihnen zu einer bestimmten Zeit Gegenstand einer Verleumdungskampagne oder einer Verschwörung des Totschweigens» (Gnomon, *New York 1958*). *Es ist leicht einzusehen, daß Pound, da er sich auf die Schulwissenschaft nicht verlassen will, neben außerordentlichen Funden auch ausgesprochene Mißgriffe und Fehlleistungen in bezug auf seine Quellen unterlaufen müssen.*

Neben dem alten und neuen faktischen Material haben wir die lyrischen Passagen, in denen er jetzt mit Macht versucht, zu einer allgemeingültigen Vision des irdischen Paradieses durchzustoßen oder doch wenigstens in eigener Sache zu einer persönlichen Synthese zu gelangen. Die Cantos XC, XCI *und* XCII *nehmen das Gegenthema der emotionalen, poetischen Seinsbereiche wieder voll auf. Das Gedicht erreicht die mythische Bewußtseinslage: aus dem Meer der amorphen Einzelheiten scheint sich eine Ordnung zu kristallisieren. Wiederholt werden Formen in den untermeerischen oder chthonischen Visionen sicht-*

bar, Augen tauchen aus dem Nichts auf, das Motiv der antipodischen Welt-unter-Wasser, der Gestalten, die zur Oberfläche drängen und die schöpferischen Kräfte des Menschen heraufrufen, verbindet sich mit dem Koré-Persephone-Motiv, der Spiegelbildlichkeit von Natur und Kunst und der Geburt der Schönheit (Aphrodite) aus dem Meer. In diesen Passagen überwiegt das lyrische, subjektive Element gegenüber dem dokumentarischen Detail, doch zugleich sind diese Cantos nicht nur mit mythologischen, sondern auch mit okkulten und alchimistischen Motiven durchsetzt, die diesem der ratio *verschworenen Dichter seltsam genug zu Gesicht stehen. Castalia, die Quelle der dichterischen Inspiration zu Delphi, wird angerufen und zu der Musik Amphions, dem vollkommenen rhythmischen Maß, fügen sich die Quadern der archetypischen Stadt, dem Gegenstand der Suche des Odysseus/Pound, selbsttätig zum Wall. Eine alchimistische Verwandlung zum «Kristall» findet offensichtlich in der Psyche des Dichters statt. Dieselben «Lichtmaße» werden im Turmzimmer von Poitiers wie in der Lehre des Scotus Erigena erkannt. Wir werden Zeugen der Auferstehung des Canto-Autors aus dem «Erebus» mit Hilfe der zusammengesetzten Göttin «Isis-Kwannon». Das Thema der Fruchtbarkeitskulte und der Erdreligionen klingt erneut an. Alle paradiesischen Vorstellungen scheinen erfüllt: der «Hain hat seinen Altar»* (XC/*607*)*, «Stein fügt sich zur Form nun»* (XC/*607*)*, die großen Raubkatzen des Dionysos aus Canto II materialisieren sich noch einmal aus der Luft, eine chthonische Prozession steigt herauf, «Gaio»* (XC/*607*) *bzw. Gajus, der römische Gesetzgeber, der gesagt hatte, «daß alle Schwellen heilig sind», wird angerufen, Tyro und Alkmene, die Odysseus/Pound zuletzt im Hades sah, sind nun «nicht länger Schatten»* (XC/*608*)*, sondern steigen auf zum Licht. Dies sind nur einige wenige der poetischen Themen dieser Cantos, aber sie geben vielleicht einen Eindruck von der Verbindlichkeit des hier anvisierten Paradieses für das moderne Bewußtsein.*

Es steht außer Zweifel, daß Pound, der ausgezogen war, ein Paradies für alle sichtbar zu machen, hier nur noch für sich selber spricht. Vielleicht gelingt ihm der größte dichterische

Wurf dieses Canto-Abschnittes deswegen auch in der persönlichen Synthese, der rückblickenden geschichtlichen Einordnung seines Lebens und Wirkens in dem testamentarischen Canto XCI. *Als thematischen Reim auf die Fahrt zu den Toten in Canto I setzt er hier die megalithische Nekropole von Stonehenge auf der Ebene von Salisbury, mit ihren chthonischen und sonnen- und mondkultischen Bezügen, und bezeichnet sie als seine rechtmäßige Grabstätte. Er gesellt sich so zu den Vorkämpfern der verlorenen Sache in der Geschichte: «Dort ruhn die Meinen»* (XCI/*613*), *zu den Ketzern und Aufrührern gegen die herrschenden Meinungen und begräbt zugleich für seine Lebzeit alle Hoffnung auf einen neuen Geistesfrühling aus der großen amerikanischen Kultursynthese. Technisch setzt er die verschiedenen Sprachstufen als gleichsam teleskopische Einstellungsgrade ein um Schicht hinter Schicht dorthin zu gelangen, wo das Vertraute und geschichtlich noch Belegte den Raum der Sage durchstößt und auf die «zeitlosen» Strukturen der menschlichen Seele zurückkommt. Die frühesten Monumente der eigenen Sprache und der britischen Geschichtsschreibung, dem Mythos noch ganz nahe, vor allem Layamons* Brut *(ca. 1200), berichten aber von den jahrhundertelangen, letztlich vergeblichen Kämpfen der frühen «Briten», deren heutige Nachfahren die Walliser sind, gegen die eingedrungenen Dänen, Sachsen und Angeln und künden von der direkten Abkunft dieser Briten von einem anderen besiegten Volk, den unterworfenen Trojanern, die Brutus, ein Enkel des Äneas, nach England brachte, um «die heilige Troja» (Trinovant bzw. London) neu zu gründen – ähnlich wie es Äneas in Italien mit Rom tat. Der Aufbruch des Odysseus/Pound in den Cantos «reimt» sich hier also thematisch mit der Fahrt des Brutus/Pound nach England, um ein neues Reich, eine neue Zivilisation zu gründen. Brutus, der vor seiner Ausfahrt die Göttin Diana (Artemis) konsultiert, gehört für Pound der archetypischen Reihe des Aktäon an, dessen historische Verkörperung hier Francis Drake ist (ein weiterer großer Erkundungsfahrer), während Elizabeth I. mit dem Archetyp der Helena rückverbunden ist, die keine sterbliche Frau war, sondern die Tochter der Nemesis/Fortuna, eine Gottheit des Todes und der Wieder-*

geburt, so wie es 300 Jahre zuvor, wieder in der historischen Seinsschicht, Eleanor von Aquitanien gewesen war. Unter beiden Königinnen blühte die Dichtung in einer Einheit von Musik und Wort, die für Pound immer die Bestätigung der kulturell voll realisierten platonischen Geistform ist. Im Brut *findet sich die erste Spur von dem Kreis der Sagen um König Artus, Tristan und Isolde, dem Zauberer Merlin, von Cymbeline und Lear, der sein Königreich verlor und in «Janus' Tempel» (*XCI*/613) begraben wurde – womit Stonehenge gemeint ist, denn Janus bezeichnet als Gott des Übergangs und der Verwandlung zum Leben wie zum Tod einen Zwischenbereich bzw. eine Schwelle. Eben diese Vorstellung eines Übergangs zwischen dem sakralen und dem profanen Raum, zwischen mythischen und historischen Bereichen, einem Tor zwischen den Welten, manifestiert sich in den Trilithen von Stonehenge. Es erscheint in dieser Welt des Beziehungswahns denn auch als durchaus angemessen, daß Pound, der so tief in der Zeit verstrickte Dichter, gerade die kalendarische Kultstätte von Stonehenge als den Ort bezeichnet, wo er bestattet werden will, denn sein poetisches Verlangen nach einer «zeitlosen» Synthese und seine prosaische Zeitkritik siedeln ihn in diesem Zwischenbereich an.*

Doch bereits die Cantos XCII *und* XCIII *bringen ein Abklingen dieser paradiesischen und halluzinatorischen Inspirationen. Der Autor beklagt die Schwierigkeiten eines Paradieses, das sich ihm nur in Bruchstücken und kurzen Augenblicken erschließt und nie zu einem großen Sinnzusammenhang fügen will. Die Bewußtseinslagen der mythischen Vereinigung und Identifikation ließen ihn hernach in umso ärgere höllische «Agonien» (*XCII*/620) abstürzen; alle Anzeichen deuteten «eher auf eine Apokalypse als ein Paradiso». Aberglauben, Haß und Verfolgungswahn stellen sich verstärkt ein. Die historischen Entdekkungen, auf die er gestoßen ist, machen ihn an dem Fortschrittsglauben der liberalen Historiker stutzig, so daß er ihnen eine Art akademischen Hochverrat unterstellt, der das Augenmerk der Jugend absichtlich von den Zeugnissen einer überkommenen praktischen Ethik des mitmenschlichen Zusammenlebens ablenken soll. Die Motivation ist ihm klar: «Der Mensch, der* *entschlossen ist, sich von menschlichem Blut zu ernähren, begünstigt und finanziert bewußt oder unbewußt den Obskurantismus.»*

Für den Thrones *betitelten Abschnitt der Cantos (*XCVI–CIX*), von denen die ersten drei noch in der Anstalt entstanden sind, gilt im wesentlichen dasselbe wie für die* Rock-Drill *Cantos, nur daß die Absicht des Autors, den Leser zu seinen Quellen hinzuführen, noch despotischere Züge annimmt. Denn wenn diese Quellen einigermaßen lesenswert sind und die angeschnittenen philosophischen und zivilisationskritischen Aspekte nach wie vor ernsthafte Beachtung verdienen, so wird sich doch der Sinn dieser Cantos nur dem Leser erschließen, der die Texte und Tatsachen, auf die hier bezug genommen wird, selber erarbeitet hat und überdies die vorangegangenen Cantos sehr genau kennt. In hohem Maß handelt es sich hier nur noch um bloße Notierungen, denen der Leser erst aus Vorkenntnissen die volle Sinn-Dimension geben kann. Es ist, als ob der Dichter unter dem Druck der Lebensbedingungen in der Anstalt und seiner eigenen schwindenden Kräfte alle Rücksichten auf den Leser fahren läßt, um rasch zu Ende zu führen, was er sich einst vorgenommen hat.*

Noch immer ist es sein Vorsatz, einen allgemein und allzeit gültigen Kanon der sozialen Gerechtigkeit aus der Historie zutage zu fördern und diesen selben Gerechtigkeitssinn in der Sensibilität des Lesers zu verankern. Deswegen nennt er diesen Abschnitt seines Epos auch «Thrones» nach dem Dante-Wort: «Droben sind Spiegel und ihr nennt sie Throne / Darin wir Gott als Richter nehmen wahr» (Paradiso IX, *61–62). Mithin bringt er hier, seiner Meinung nach, überwiegend Zeugnisse der Erleuchtung statt wie zuvor des Irrtums. Doch bei genauerem Hinsehn erweist sich die angestrebte absolute Gerechtigkeit vor Gottes Richterauge als ziemlich hinfällig, und der Leser ist wiederholt vor die Frage gestellt, wie Pound gewisse ganz augenfällige Merkmale seiner Texte übersehen kann, die in krassem Widerspruch zu seiner Sympathie* und *zu seinem Urteil stehen. Diese Blindheit gegenüber bestimmten Spektralbändern des Realen, die sich zu ausgesprochenen Fehlleistungen steigert, mag ein Symptom seines Alters sein, wiewohl sie sich auch anders deuten ließe. Als Beispiel nennen wir hier nur die Bevorzugung rein legistischer Texte bei seiner naturrechtlichen Überzeugung, daß «die beste Regierung diejenige ist, die am wenigsten regiert», und bei seinem lebenslangen Zorn über alle obrigkeitlichen und sonstigen Eingriffe in die Privatsphäre. Frei sein hatte ihm ursprünglich bedeutet, seinem eigenen Gesetz gehorsam zu sein. Diese Eigengesetzlichkeit (li) war auch die Lehre des Konfuzius gewesen, die er mit so großer Sympathie aufgegriffen hatte. Doch nun versteht er sich dazu, daß diese innere Ordnung von außen ver-ordnet werden darf. In dieselbe Richtung gehört sein geflissentliches Übersehen der Tatsache, daß die gesellschaftlichen Systeme, die er heranzieht, um seine Überzeugungen zu rechtfertigen, zum großen Teil ein gut funktionierendes Denunzianten- und Vigilantentum voraussetzen. Ein verwandtes Motiv ist seine Berufung auf das juristische Delikt der «misprision», der Nichtanzeige von – auch vermeintlichem – Hochverrat, dessen er sich schuldig gemacht hätte, falls er im Kriege in seiner Kritik an Roosevelts verfassungswidriger Amtsführung verstummt wäre, denn «nach dem* common law», *schreibt Edward Coke (1552–1634), «ist das Verschweigen von Hochverrat Hochverrat». Daß Coke, der eigentliche Urheber des Konstitutionalismus und der demokratischen Regierungsgrundsätze, in Vergessenheit geraten konnte, ist für Pound nur ein weiterer Beweis der allgemeinen Tendenz: «Die Wahrheit aus den Lehrplänen zu treiben»* (CVII/*760*).

Die Beschäftigung mit St. Anselm (1033–1109) in den Cantos XCVIII, C, CI, CV *und* CIX *bereitete die völlige Abkehr Pounds vom Persona-Prinzip in den* Drafts & Fragments CX–CXX *vor – von dem Prinzip also, auf dem das ganze Gedicht errichtet war. Erinnern wir uns: in der Persona war Pounds Anerkennung der objektiven Wirklichkeit des anderen Seins, des menschlichen Du, enthalten. Doch seine vermeintlich so voraussetzungslose Offenheit für alle Erfahrungen, beruhend auf einer Ichschwäche, war unter dem Einfluß der traumatischen Erfahrungen seines zweiten Daseins als moralischer Paria der Gesellschaft einem gesteigerten Bedürfnis der Ich-Behauptung gegen die anderen gewichen. Die ursprünglich so weltoffene Erkundungs-*

fahrt ins Ungewisse hatte sich zu einer rein defensiven Strategie gewandelt:

> *Aus dem Wrack und Ruin geborgen,*
> *diese Fragmente wider mein Scheitern aufgedämmt*
> *(*CX*)*

Das datiert von jenem Schiffbruch des Odysseus, den er im Straflager bei Pisa beschrieben hatte und der in den nachfolgenden Cantos niemals verwunden wurde (denn er kommt immer wieder darauf zu sprechen), obwohl er sich zeitweilig durch göttliche Interventionen gerettet glaubt, so wenn die weiße Göttin Leukothea oder Ino Kadmeia ihm ihren rettenden Schleier («krédemnon») mit den Worten zuwirft:

> *Mein Bikini wiegt dein Floß auf*
> *(*XCI*,* XCIII*,* XCV*,* XCVI*,* XCVIII*,* C*,* CII*,* CV*,* CIX*)*

Nun, in den Thrones-*Cantos entdeckt er in den Schriften des Scholastikers Anselm von Canterbury «eine klare Leitlinie über die Trinität» (*CV*/750), d.h. über das Verhältnis der drei Personae der Trinität zum göttlichen Wesensgrund, bzw. die Hypostase. Anselm erläutert diese geheimnisvolle interpsychische Relation indem er die drei Personen der Dreieinigkeit, Gottvater, Gottsohn und Heiliger Geist, respektive als drei Phasen des Begreifens und Sich-Selbst-Begreifens der Seele versteht, nämlich als Erinnern, Erkennen und Lieben. Nach Anselm beweist diese göttliche Selbstbezogenheit, wodurch «der vernünftige Geist allein unter allen Geschöpfen seiner selbst eingedenk sein, sich erkennen und lieben kann»* (Proslogion, *Kap.* LXVII*), zugleich, daß im Menschen als «vera imago essentiae» eine Teilhabe am Göttlichen gegeben ist, und zwar in dem Maße, in dem dieses Ineinander der psychischen Funktionen ein Abbild des höchsten Wesens ist. Für Pound führt dieser Gedankengang zu einer ungeheuren Selbstübersteigerung, denn sie beweist ihm, daß all die anderen Stimmen der* Cantos, *die zuweilen seine eigene zu überdecken drohten, im Grunde nur Spielarten seines Selbst sind. War die Identifikation mit der fiktiven Persona des Odysseus im Rahmen der dichterischen Freiheit legitim, so spielt die Identifikation mit den realen historischen Personae der* Cantos *stark in* *den Autismus hinüber. Alle Personae, sagt er uns, sind im Wesen mit ihm identisch:*

ubi amor, ibi oculus,
Doch diese hatten Throne
und waren still in meinem Sinn und ohne Widerstreit,
Nicht im Besitz, in Hypostasis
*(*CXIV*)*

Kraft seinem Genie bzw. seiner schöpferischen Sensibilität ist Pounds Denkweise der Denkweise der Dreieinigkeit analog: seine Liebe zu den natürlichen Dingen gibt ihm die Kraft der Erkenntnis («ubi amor, ibi oculus», nach Richard von St. Viktor), sein Erkennen gibt ihm die Kraft zur Liebe:

Gottes Auge bist du, versag dich der Wahrnehmung nicht
*(*CXII*)*

Die «große kristallene Sphäre» des Canto CXVI *ist so zwar einerseits der kristallene dritte Himmel (terzo cielo) der Liebe bei Dante, aber sie ist zugleich auch das Ego des Dichters, das er in seiner Anfangszeit beschrieben hatte: «Was sein – des Menschen – Bewußtsein angeht, so scheint das Bewußtsein einiger zu beruhen oder vielmehr seine Mitte zu haben in dem, was die griechischen Philosophen das Phantastikon nannten. Ihr Sinn ist ihnen rings umgewölbt wie Seifenblasen, auf denen sich etliche Flicken des Makrokosmos spiegeln» (1910,* The Spirit of Romance, *Connecticut 1953, S. 92). In diesem Zusammenhang ist es aufschlußreich, daß Pound in seiner weiteren Entwicklung, die sich so stark an der Realität, dem objektiven Vorhandensein des anderen orientierte, seinerzeit die Vorstellung des Ich als ein Phantastikon für sich selber entschieden zurückgewiesen hatte. So schrieb er 1917, noch in dem verworfenen Canto I:*

Mein eigenes Phantastikon vermengen,
Zu sagen, die Spiegelhaut, die mich umwölbt,
Enthielte die Sonne wirklich;
Die Sache, die ich seh, verwechseln
Mit den leibhaften Göttern hinter mir?
(Poetry x, *5, Chicago, August 1917)*

Zum Schluß ist er so, ohne sich völlig Rechenschaft darüber abzugeben, zur reinen Subjektivität zurückgekehrt. Er hält zwar noch an der Illusion fest, er unterhielte ein besonders inniges Verhältnis zur Wirklichkeit, aber diese Wirklichkeit beschränkt sich auf den nicht-humanen Bereich der natürlichen Erscheinungen. Das menschliche Du existiert hingegen in dieser Dichtung nicht mehr.

Nächstenliebe hab ich manchmal gekannt,
sie will sich mir nicht ergießen.
(CXVI)

Das irdische, reale Paradies für alle, das er gesucht hatte, ist zu einem rein subjektiven Paradies der poetischen Halluzinationen geworden. Pound scheint das zu erkennen:

Viele Irrtümer,
etwas an Richtigkeit,
mag seine Hölle aufwiegen
und mein Paradiso
(CXVI)

Denn die Liebe zum Mitmenschen fehlt in Dantes Hölle wie in Pounds Paradiso, beide tragen den Makel ihrer dichterischen Subjektivität und Überheblichkeit.

Mit der abnormen Überhöhung des eigenen Ich ist die ursprüngliche Notwendigkeit des Persona-Prinzips entfallen: jetzt kann der Dichter auf jeden kollektiven Auftrag verzichten und zur individualistischen Bekenntnislyrik der früheren Zeit zurückkehren. Wir hatten schon in dem testamentarischen Canto XCI den Kulturpessimismus seiner Spätzeit feststellen können. In diesen letzten Texten nun wendet er sich von der Zivilisation überhaupt ab. Hatte er bislang fest an die Werte einer Tradition geglaubt, die sich an den lebendigen Wendepunkten der Entwicklung orientierte und nur von der Schulwissenschaft zugeschüttet worden war, hatte er geglaubt, das ganze «Paideuma» der bisherigen menschlichen Errungenschaften in dem Logbuch seiner Odyssee unterzubringen, so dankt dieses hohe kulturelle Sendungsbewußtsein nun endgültig ab:

Unberatene Jugend erdrückt von Zeugnissen
.....

Litterae nihil sanantes

(CXVI)

Selbst Konfuzius, dessen naturrechtlichen Geist er schon in den legistisch gestimmten «chinesischen» Cantos der Anstaltszeit verraten hatte, kommt nun nicht mehr vor. Wir finden nur noch das Schriftzeichen 新 (hsin) aus der konfuzianischen Aufforderung zur permanenten Revolution, die sich Pound anfangs zum Leitsatz gemacht hatte (hsin jih jih hsin = mach es neu), und das Zeichen 止 (chih), das er als «den Halfterpflock, Ort wo man ist und von dem aus man tätig wird» etymosinologisiert hatte, womit er einen gefestigten Fuß- oder Standpunkt innerhalb der großen Desorientierung meinte – der eigenen wie der der Mitwelt. Doch der chinesische Begriff der «Erneuerung des Volkes» (hsin min), bzw. der Erneuerung der menschlichen Ordnung, wird nun ganz den Kräften der Natur anheimgestellt. Pound geht jetzt noch hinter Konfuzius zurück und gelangt zu einer animistischen Naturreligion, wie sie ähnlich in der chinesischen Urzeit bestanden haben muß. Er entdeckt die Riten der Na-khi, eines nicht-chinesischen Stammes, der im Li-chiang Gebiet des heutigen Yünnan in Südwest-China ansässig ist:

weißer Wind, weißer Tau
Hier von Anbeginn an, wir sind hier gewesen
von Anbeginn

(CXII)

Die Kunde von den Na-khi verdankt er dem in Wien geborenen amerikanischen Botaniker Dr. Joseph F. Rock (1884–1962), der 1922 von einer Washingtoner Regierungsstelle nach Südwest-China geschickt worden war, wo er bis 1949 neben botanischen und kartographischen Studien für die amerikanische Armee auch auf sein eigenes Konto Studien über den Stamm der Na-khi trieb und dessen Riten und in einer piktographischen Silbenschrift verfaßten Überlieferungen aufzeichnete:

Und über Li-chiang ist der Schneegrat türkisblau
Rocks Welt, die er bewahrt hat, uns zum Gedächtnis
ein feiner Strich, gepaust in die Höhenluft

(CXIII)

Es ist eine Welt jenseits vom Konsum- und Zivilisationswust

unserer Tage, eine Welt, in der nur die permanenten Bedürfnisse des menschlichen Lebens gelten, abseits von aller Geschichte – beinahe der klassische Naturzustand Rousseaus.

Die Na-khi hatten bis zum Jahr 1723 ein eigenes Königreich besessen, wurden aber dann in das unter der Mandschu-Herrschaft stehende chinesische Reich eingegliedert. Bis dahin waren die Eheschließungen unter den regierenden Stammeshäuptern der Na-khi frei vereinbart worden, während das Volk nur die freie Liebe kannte, wie übrigens heute noch in der nordöstlichen Region von Li-chiang. Das einfache Berg- und Bauernvolk der Na-khi aber hat sich mit der Institution der Ehe, die die Mandschus einführten, nie recht anfreunden können. Die von den Eltern ausgehandelten Eheschließungen haben infolgedessen viel Leid und Unheil über das ganze Volk gebracht, und noch bis in die erste Hälfte des zwanzigsten Jahrhunderts war es Brauch, daß junge Leute, die sich nicht in eine solche Ehe fügen wollten, auf die Berge hinaufgingen, um dort auf irgendeiner schönen Almwiese gemeinsam Selbstmord zu begehen. Diese Doppelselbstmorde waren bei den Na-khi so häufig, daß es, wie Rock schrieb, kaum möglich war, eine Familie zu finden, die nicht einige Selbstmörder zu den ihren zählte. Einen solchen Selbstmordpakt mit dem Dialog der Liebenden zitiert Pound gleich zu Anfang von Canto CX. Er macht sich das Motiv zunutze, um seine eigene Altersliebe («Marcella») in die Cantos einzubringen und mit der Institution der Ehe und der Familie zu hadern (vgl. «der Mann aus Oneida», Canto CXIV). Überhaupt stammen einige der Themen dieser letzten Texte aus dem Familienleben des Dichters, das er bisher in den Cantos weitgehend ausgespart hatte.

Die Göttin Artemis oder Diana ist mit der irdischen Marcella assoziiert; sie steht für die ungezähmte und regenerierende Kraft der Natur. Dies wird durch Pounds Berufung auf Giordano Bruno und speziell dessen Werk De gli eroici furori (1585) auf eine besondere Sehschärfe gestellt. Die Sage von Aktäon, die der Dichter bereits unter verschiedenen Aspekten in den Cantos behandelt hatte, bekommt hier im Rückblick eine zentrale Bedeutung für das Epos. Denn die Cantos erscheinen aus dem

Blickwinkel Brunos nun als die Suche des von Ehrfurcht und Neugier getriebenen «heroischen» Künstlers (Aktäon) nach dem Schönen-an-sich, bzw. seiner platonischen Geistform. Für Bruno ist Diana die personifizierte Natur, gleichsam der «Mond», der die göttlichen Sinnstrahlen der «Sonne» empfängt, und darüber hinaus der eigentliche Ursprung aller dichterischen Inspiration. Der von der geistigen Leidenschaft erfaßte Mensch, sagt er, ist auf der Jagd nach den göttlichen Gegenständen oder Geistformen, die sich für den Staatsmann als Ordnung, für den Philosophen als Wahrheit, für den Künstler als Schönheit darstellen: «Selten, meine ich, gibt es einen Aktäon, dem vom Schicksal gewährt ist, Diana nackt zu schauen und dahin zu kommen, daß die schöne Liebesgestalt der Natur ihn ganz verzaubert.» Wenn aber der heroische Mensch dieses Schöne einmal erblickt hat, dann wird er «durch so große Schönheit sich selber entrückt und zur Beute gemacht und sieht sich in das verwandelt, was er gesucht hatte; und er wird sich bewußt, daß er selbst zur begehrten Beute seiner Hunde, nämlich seiner Gedanken wurde, denn da er die Gottheit wie in einem Inbegriff in sich selber besaß, braucht er sie nicht außerhalb seiner zu suchen» (ibid., Vol. II, Teil I, Dialog IV). Dies ist es also, was Pound mit der wiederholten Anrufung der Göttin meint:

Und das Schöne in deinem Sinn, o Artemis!

Wir bemerken auch, wie nahe diese Gedankengänge seinen Überlegungen über die Relationen zwischen den Personae und der Hypostasis kommen. Das wird noch deutlicher, wenn wir uns daran erinnern, daß bei Bruno die Schwierigkeiten, die wir gewöhnlichen Menschen haben, den Äußerungen des heroischen Philosophen, Dichters oder Staatsmanns zu folgen, mit deren Objektivität *erklärt wird! Diese Kommunikationsprobleme liegen nämlich gar nicht an der Subjektivität des Sprechenden, sondern daran, daß das Maß seiner Objektivität unserer Begriffe bei weitem übersteigt: «Das aber geschieht, sobald der Getroffene [der vom Lichtstrahl der Geistform Getroffene] nicht mehr mit diamantartiger Oberfläche das eindringende Licht zurückwirft, vielmehr durch die Glut und Helligkeit aufgeweicht und bezwungen, in seinem Wesen lichtartig wird, er selbst* gleichsam Licht, indem dies sein Fühlen und Denken durchdringt» (ibid., Vol. II, Teil II, Dialog I). Dies ist also der «Lichtglanz» (CXVI), zu dem Pound zurück will. Durch seine Erfahrung des Göttlichen ist der heroische Mensch zu einem «wilden Wesen, wie ein Hirsch, oder ein Bewohner der Wildnis» geworden, er ist tot «für das rohe Volk und die Menge» und wirft die trennenden Wände der Begriffe nieder, bis er «angesichts der ganzen Weite des Horizontes ganz Auge wird» (ibid., Dialog IV). Oder wie Pound/Aktäon sagt:

> das Zeitwort ist «sehen», nicht «weitergehn»
>
> (CXVI)

Doch mit diesem Entfall des dialektischen Prinzips, von dem die Cantos ausgegangen waren, der Absetzung zwischen dem Ich und dem anderen, der Subjektivität und der Objektivität, dem Entfall eigentlich all der Dichotomien, zwischen denen sich das Gedicht bewegte, stirbt notwendig auch der Lebensnerv dieser Dichtung. Ein Realitätsschwund setzt ein, ist schon seit langem am Werk, der dem Dichter das weitere Schreiben an seinen Cantos immer schwerer macht. So kommt es im September 1959, knapp 17 Monate nach seiner Entlassung aus der staatlichen Irrenanstalt (18. April 1958), zu einem endgültigen Versiegen der schöpferischen Energie, die ihn so viele Jahre getragen hatte. Im Sommer 1959, ein Jahr nach seiner Freisetzung, verwandelte er die Notizen aus dem vergangenen Jahr in den hier vorgelegten Text der Drafts & Fragments, den er aber erst zehn Jahre später (1969) in derselben unfertigen Gestalt in Buchform veröffentlichte. Allein die Tatsache, daß er sie, abgesehen von der Veröffentlichung in einzelnen kleinen Zeitschriften, zehn Jahre lang liegen ließ, sagt uns, daß er immer noch hoffte, seine Aphasie würde eines Tages abklingen; aber er hat sie bis zu seinem Tode am 1. November 1972 in Venedig, also dreizehn Jahre lang, nicht wieder angerührt. In dem allerletzten Fragment, Canto CXX, ursprünglich 1962 in einer kleinen Literaturzeitschrift in Belfast als ein Teil von Canto CXV veröffentlicht, stellt er noch einmal die Natur über alle die zivilisatorischen Anstrengungen, die die Cantos hervorbrachten:

Ich versuchte ein Paradiso zu schreiben
Rühre dich nicht
laß den Wind reden
so ist es das Paradies.
(CXX)

Für unser Teil dürfen wir uns vielleicht an die Worte des amerikanischen Dichters Allen Ginsberg halten, der Pound in der Zeit seines Verstummens in Venedig aufsuchte und ihm, mit dem Größenwahn, den wir an unseren Dichtern so lieben, feierlich seinen Antisemitismus vergab. «Das Paradies», sagte Ginsberg, «steckt in dem Verlangen, nicht in der Unvollkommenheit, mit der es ausgeführt ist. In der Hochherzigkeit des Verlangens, zusammenhängende Wahrnehmungen in der Sprache manifest zu machen.»* Was, wie man es betrachtet, sehr wenig oder sehr viel ist.*

Postscriptum: *Es erhebt sich die Frage, inwieweit diese verschlüsselten und fragmentierten «Stichworte» (Pound) überhaupt noch Kommunikation oder Dichtung darstellen. Um dem Leser den Zugang zu ermöglichen, sind die einzelnen Motive deswegen in Anhang II weitgehend annotiert worden.*

* *Zitiert von Michael Reck, «A Conversation between Ezra Pound and Allen Ginsberg» in:* Evergreen Review *55, New York, Juni 1968.*

ANHANG I

Kritische Anmerkungen zum amerikanischen Originaltext

Der hier wiedergegebene amerikanische Originaltext folgt weitgehend dem der *Drafts & Fragments of Cantos CX–CXVII,* New York 1969, der inzwischen in leicht abgeänderter Form in *The Cantos of Ezra Pound* (Cantos I–CXX), New York 1972, aufgenommen worden ist. Die für die Ausgabe von 1969 zunächst verwendete Vorlage wurde zwar vom Autor gestellt, ist aber nicht von ihm selber abgeschrieben oder korrigiert worden. Sie erwies sich als wenig brauchbar und mußte an vielen Stellen an Hand älterer, weniger fehlerhafter Fassungen revidiert werden. Trotzdem blieben noch einige Fragen offen, die ich in dem hier vorgelegten Text durch eingehendes Studium der zahlreichen älteren Fassungen und Varianten sinnvoll zu lösen gesucht habe. Mitbenutzt wurden alle bisherigen in Zeitschriften erschienenen Fassungen von einzelnen Canto-Entwürfen oder Fragmenten, vor allem die äußerst wichtige nicht-autorisierte photostatische Ausgabe des Original-Manuskriptes von Cantos CX–CXVI (erschienen bei Fuck-You Press, New York 1967) und die Abschrift von interimistischen Fassungen einzelner Cantos, die mir von der Tochter des Dichters, Mary de Rachewiltz, freundlicherweise zur Verfügung gestellt wurden.

Neben einigen kleineren Korrekturen der Interpunktion und Orthographie sind folgende Korrekturen zur Klärung der Intentionen des Autors vorgenommen worden:

(Die jeweils nach der römischen Canto-Nummer angegebene Seitenzahl bezieht sich auf die New Directions-Ausgabe der Cantos *von 1972.)*

CX/779: die fünf transliterierten chinesischen Wörter «yüeh$^{4.5.}$ ming^{2} mo$^{4.5.}$ hsien^{1} p'eng^{2}» nach der Zeile «Yellow iris in that river bed» entfallen, da sie ohne die entsprechenden Schriftzeichen (die der Dichter 1968 dem Verlag nicht mehr mitteilen konnte) keinen vernünftigen Sinn ergeben; Versuche, durch die Permutation der alternativen Schriftzeichen für mo$^{4.5.}$ hsien^{1} und p'eng^{2} einen Sinn zu erreichen, führten nur zu unseriösen Resultaten.

CX/779: statt «Ibukerki» lese man «Isbushenski». S. Anm. zu «Isbuschenskij» in Anhang II.

CX/781: statt «his fragments sunk (20 years)» lese man «his fragments sunk (12 years)». S. Anm. zu «his fragments...» in Anhang II.

CXI/782: statt «Wu/Hsieh (heart's field)/Szu» lese man «szu (heart's field)/wu/hsieh». Der Zusatz «heart's field» beschreibt die beiden Komponenten des Schriftzeichens szu, nicht hsieh. S. Anm. zu «szu wu hsieh» in Anhang II.

CXI/782: statt «Cold mermaid» lese man «Gold mermaid». S. Anm. dazu in Anhang II.

CXI/783: statt «Edictum prologo» lese man «Edicti prologo» wie in Canto CII/737. S. Anm. dazu in Anhang II.

CXIII/786: statt «Tweddel»» lese man «Tweddell». S. Anm. dazu in Anhang II.

CXIII/788: An das Ende der Zeile «does not mean one, oh, four, 104%» gehört nach dem besten vorhandenen Manuskript des Dichters der Fugger-Dreizink. S. Anm. dazu in Anhang II.
CXIII/789: Der Hinweis auf «Article X» der amerikanischen Verfassung geht auf einen Gedächtnisfehler des Autors zurück. Gemeint ist Section X von Article I. S. Anm. dazu in Anhang II.
CXIV/791: statt «Tom Pick» lese man «Tim Pick», eine Abkürzung des Namens Timothy Pickering. S. Anm. zu Pick in Anhang II. Statt «o di diversa natura» lese man «e di diversa natura»; s. Anm. dazu in Anhang II.
CXIV/792: statt «Macleod» lese man «MacLeod». S. Anm. dazu in Anhang II.
Fragment S. 800: statt «videt et urbes» lese man «vidit et urbes». S. Anm. dazu in Anhang II.
Der eigentliche Schluß der *Cantos* ist Canto CXVI. Die «Notes for Canto XCVII» gehörten ursprünglich zu Canto CXIII, während Canto CXX ursprünglich als Canto CXV (in: *Threshold,* 17, Spring 1962, Belfast, Nordirland) erschien.

ANHANG II

Anmerkungen in alphabetischer Reihenfolge zur Erläuterung der kritischen Ausgabe

Die hochgestellte Indexzahl vor Wörtern in der tibetoburmanischen Sprache der Na-khi von Li-chiang gibt den Ton an, in dem das Wort auszusprechen ist. ^{1} *= absinkend,* ^{2} *= mittlere Höhe,* ^{3} *= hoch und kurz.* ṉ *bedeutet, daß das Wort zuvor nasal gesprochen wird. Die einzelnen Wörter werden meist zusammengezogen gesprochen wie im Französischen.*

Agassiz (CXIII): Louis (1807–1873). Anatomischer Paläontologe, Geologe und Eiszeitforscher. Erbitterter Gegner des Darwinismus.

agility that is from the juniper (CXII): s. J. F. Rock, The ^{2}Mùaṉ-^{1}bpö Ceremony or the Sacrifice to Heaven as practised by the ^{1}Na-^{2}khi, in: *Annali Lateranensi*, XVI, Rom 1952, S. 47.

Al's conversation (CXIV): Albert Pound, Großonkel des Dichters, s. *Indiscretions* (1920) in: *Pavannes and Divagations,* Connecticut 1958, S. 12 und 34.

Alex. (CXIV): Alexander der Große (356–323).

Alexander (CXI): Alexander I. von Rußland (1801–1825) auf dem Wiener Kongreß 1814.

Allègre (CXVII): Frankreich, Haute-Loire, Gegend von Puy, s. Anm. zu «es laissa cader». Vgl. Canto LXXIV/431; LXXX/501; XCI/610; CVII/760.

al poco giorno ed al gran cerchio d'ombra (CXVI): it., beim kleinen Licht und bei dem großen Kreis der Schatten, Dante, *Canzoniere* I, 1. Vgl. Pounds Gedicht «Near Perigord» (1915) in: Pound, *Personæ: Die Masken Ezra Pounds,* Zürich 1959, S. 249.

Ambracia (CXIV): Stadt im alten Epirus, nördlich vom ambrakischen Meerbusen, unter Pyrrhos mit vielen Kunstwerken geschmückt. Vgl. Canto CVII/763; CIX/771.

Amid corridors and ambassadors (CXIV): Anspielung auf die Biographie Giordano Brunos, insb. den französischen Ambassadeur Michel de Castelnau, der ihn 1583 in London aufnahm; s. auch Giordano Bruno, *La cena de le ceneri.*

Amor (CXI): lat., Liebe.

Amṛta (CXII): Sanskrit, der Nektar der Unsterblichkeit. Pounds Quelle war J. F. Rock, The ^{2}Mùaṉ-^{1}bpö Ceremony or the Sacrifice to Heaven as practised by the ^{1}Na-^{2}khi, in: *Annali Lateranensi,* XVI, Roma 1952, S. 33–34, 42-43.

anima into aura (CXI): lat., Seele in Licht- oder Goldglanz, bezieht sich auf die alchimistische Absicht, das lumen naturae, die quinta essentia, in Gestalt des filius oder lapidus philosophorum hervorzubringen.

anthesis (CXI): griech., Blüte

April 22nd (CXI): der 22. April 1815. Während der «Hundert Tage» beschwor Napoleon am 1. Juni 1815 auf dem Marsfeld die Zusatzakte zur Verfassung vom 22. April. Durch die freisinnige

Verfassung, die er damals, zu spät, verlieh, hoffte er die liberalen, konstitutionellen und republikanischen Kräfte zu gewinnen.

Ari (CXIV): Aristoteles (384–322). Alexander d. Gr. pflegte seinem Lehrer Aristoteles von seinen Feldzügen Exemplare von Pflanzen und Tieren zu schicken.

Ariadne (CXVI): die Allerheiligste; Göttin im Mittelpunkt des Labyrinths.

Armes et blasons (CXIV): franz., Wappen und Schilder. S. *Indiscretions* (1920) in: *Pavannes and Divagations,* Connecticut 1958, S. 27.

Artemis (CX; CXIII): Göttin der wilden Natur; vgl. Giordano Bruno, *De gli eroici furori.* Vgl. Canto CVI/753-4.

Artemisia (CXII): Artemisia vulgaris, Wermut; wird für Läuterungszeremonien verwendet, s. J. F. Rock, The Mùa̱n-¹bpö Ceremony or the Sacrifice to Heaven as practised by the ¹Na-²khi, in: *Annali Lateranensi,* XVI, Rom 1952, S. 20.

Arundinaria (CXII): Arundinaria fabri, ein bambusähnliches Gras, das u.a. zum Flechten von Worfelsieben verwendet wird; s. J. F. Rock, *ibid.,* S. 22.

Austerlitz (CXI): Am 2. Dezember 1805 gewann Napoleon die Schlacht von Austerlitz gegen Alexander I. von Rußland und Franz II. von Österreich. Das Ergebnis war der Vertrag von Preßburg. Pound bezeichnet diesen Punkt in der Karriere Napoleons als «Bonapartes Maximum» (Canto CI/724), weil er damals Italien hätte vereinigen können. Napoleon schreibt in seinen Memoiren, daß dies seine Absicht gewesen sei.

auzel (CX): provenz., Vogel.

Awoi or Komachi (CX): s. das Nō-Spiel *Aoi no ue* in: Fenollosa/Pound/Eisenstein, *Nō: Vom Genius Japans,* Zürich 1963, S. 172ff., in dem der Dämon der Eifersucht ausgetrieben wird. Im Vorwort zu seiner Bearbeitung von diesem Nō-Spiel zitiert Pound Ibsen: «Unser Leben ist ein Wettstreit mit den Phantomen unseres Bewußtseins.»

Banque de France (CXI): im Jahre 1800 unter dem Konsulat von Napoleon gegründet. Napoleon scheiterte zum großen Teil an der Macht der internationalen Banken.

benedetta (CXVII): ital., gesegnet.

Bernouard, François (CXVII): Nancy Cunard (1896–1965), amerikanische Dichterin, brachte in ihrem privaten Verlag, The Hours Press, «dank dem Maître-Imprimateur Bernouard, Paris», wie sie schreibt, Pounds *A Draft of XXX Cantos* (1930) heraus. Vgl. Daphne Fielding, *Emerald and Nancy,* London 1968, S. 194.

Bettoni (CX): Col. Conte Alessandro Bettoni Cazzago, 55. Commandante del Reggimento Savoia Cavalleria, Brescia, gest. 1951. Befehligte die Reiterattacke der Savoia Cavalleria bei Isbuschenskij in der Ukraine am 21. Juni 1942.

bianco c(h)ade (CXIV): ital., Weiß fällt, aus Guido Cavalcanti, *Canzone d'amore* V, 8. Vgl. Canto XXXVI/179 und Pound, *Make it New,* London 1934, S. 394–395.

bisogna esser portato (CXIV): ital., man muß inspiriert sein.

Black Sea (CXIII): das Schwarze Meer. 1920 drangen polnische Truppen unter Piłsudski bis nach Kiew in die Ukraine ein. Als die russische Gegenoffensive einsetzte, wurden sie bis vor die Tore Warschaus zurückgedrängt. Piłsudski forderte daraufhin Truppen und Munition bei den Westmächten an. Als sich die Hafenarbeiter in Danzig weigerten, die Schiffe mit dem Kriegsmaterial zu entladen und sich auch nicht durch die Ankunft des amerikanischen Kreuzers *Pittsburgh* einschüchtern ließen, versprachen die Engländer über das Schwarze Meer Hilfe zu entsenden. Dieser Plan wurde gegenstandslos als die Russen sich im August 1920 zurückzogen und der anschließende Waffenstillstand von Riga zwischen Polen und der Sowjetunion ausgehandelt wurde. Vgl. CIV/740.

black tree (CX): «because the black tree was born without a mouth, it did not tell her to commit suicide», s. J. F. Rock, The Romance of ^{2}K'a-^{2}mä-^{1}gyu-^{3}mi-^{2}gkyi, in: *Bulletin de l'Ecole Française d'Extrême-Orient,* XXXIX, Hanoi 1939.

Blue flash (CXVII): das plötzliche Funkeln eines fliegenden Fisches im Meer bei Zoagli (Rapallo). Vgl. Canto LXXIX/459.

body is inside (CXIII): Plotinos, *Enneaden* III, 9 u. 20; IV. Vgl. Canto XCVIII/685 u. 690; XCIX/700.

Borneo (CX): s. Anm. zu Jesselton.

Brancusi (CXVII): Constantin (1876–1957), rumänischer Bildhauer, bei dem Pound in den Pariser Jahren Unterricht nahm; s. Pound, «Brancusi» (1921), dt. in: *Zeitgenossen,* Zürich 1959, S. 65ff.

Brescian lions (CX): steinerne Löwen mit beschädigten Köpfen. Die Bürger der Stadt Brescia erhoben sich im März 1849 gegen die Österreicher. Nach der Niederlage von Novara weigerten sie sich, die Stadt zu übergeben, und der kommandierende österreichische General, Julius Jakob Freiherr von Haynau, ließ die Stadt bombardieren. Nach der Einnahme von Brescia erlegte er den Bürgern eine «Kontribution» von 6 Millionen Lire auf und ließ die Freiheitskämpfer, Männer wie Frauen, öffentlich auspeitschen. Als die «Hyäne von Brescia» bekannt geworden, wurde er gelegentlich eines Besuchs in Barclays Brauhaus in London 1850 vom Personal erkannt und verdroschen.

Bruno, Giordano (CXIV): (1548–1600). Italienischer Philosoph.

bull (CXIII): s. Remy de Gourmont, *Physique de l'amour,* Paris 1903, in der Übersetzung von Pound u.d.T.: *The Natural Philosophy of Love,* London 1957, S. 57 u. 154–5.

Bunting (CX):Basil (1900), englischer Lyriker und Freund Pounds. Kurz nach dem I. Weltkrieg ging er als Kriegsdienstverweigerer für 6 Monate ins Gefängnis. Vgl. Canto LXXIV/431–2; LXXVII/474; LXXXI/518.

Cairoli (CXIII): Sac. L. P. Cairoli, zeitgenössischer katholischer Schriftsteller, schrieb *Il Giusto Prezzo Medioevale: Studio di Economica Politica,* Merate 1913.

Canaletto (CX): Antonio Canale, gen. Canaletto (1697–1768), venezianischer Maler.

caracole (CX): Pound denkt an ein andalusisches Lied mit dem Refrain «Caricoles!». Das italienische Wort ist caracollare = springen, tanzen. Das Wort leitet sich von den Spiralwindungen des Schneckenhauses her.

Χαῖρη! Ω Διώνη Χαῖρη (C): griech., Heil o Diona, Heil. S. Anm. zu «Dione». Dione ist Venus Genetrix.

Charity (CXVI): Nächstenliebe (*Korinther 1*, 13), s. Pound über Thomas Hardy in: «Surview», *Guide to Kulchur*, London 1938, S. 290.

che paion' sì al vent' (CX): ital., die vom Wind so leicht getragen erscheinen. Dante über die Liebenden Francesca da Rimini und Paolo Malatesta, *Inferno* V, 75.

chi crescerà (CXVI): ital., ecco chi crescerà i nostri amori: Schau, der vermehren wird noch unser Lieben. Dante, *Paradiso* V, 105. Vgl. Canto LXXXIX/590; XCIII/631. S. a. Pound, *Guide to Kulchur*, London 1938, S. 292.

chih 止 (CX): chin., Pounds Erklärung zu Konfuzius, *Analects* 9, XX: «Es gibt keinen wichtigeren Terminus in der konfuzianischen Philosophie als dieses chih, den Halfterpflock, Standort, Platz, wo man sich befindet und von dem aus man tätig wird.» Vgl. Canto LXXXV/543; XCIII/625.

ching 敬 (CXI): chin. für ehrerbietiges Verhalten, Bescheidenheit in Gegenwart von höhergestellten Personen, auch «artig reden». In seiner Version der *Lun-yü* übersetzt Pound das Wort mit «Ehrerbietung» (reverence) und glossiert es neuplatonisch als «respect for the kind of intelligence that enables grass seed to grow grass; the cherry stone to make cherries». Warum Pound das Wort in diesem Canto in direkte Beziehung zu dem Wort «pray» (beten) bringt, muß dahingestellt bleiben, es sei denn, daß er sich in der Wahl des Schriftzeichens vergriffen hat und ching statt ch'i (beten) erwischte. Vgl. aber auch LXXXVIII/581 «to respect the vegetal powers» u. XCVIII/691 «reverence».

Coin'd gold (CXI): «Gold gemünzt.» Das Vorrecht, Gold zu münzen stand im Mittelalter nur dem oströmischen Kaiser zu. Als Abd al Malik im Jahre 686 Münzen mit dem eigenen Abbild schlug, wurde dies von Justinian II. richtig als die Aufkündigung seiner Oberhoheit verstanden. Auch die von Heinrich III. von England (1257) gemünzten Maravedis und die Nobles von Edward III. (1344) bedeuteten die Behauptung einer von Ostrom unabhängigen Souveränität. Pound will hier zeigen, daß die Geldhoheit des Königs das eigentliche Wesen seiner Souveränität ausmachte und daß auch in unserer Zeit die Notenausgabe in die Zuständigkeit des Staates und der Gesellschaft fällt, nicht in die der privaten Banken und Finanzleute. Siehe Alexander Del Mar, *History of Monetary Systems*, New York 1903, S. 75, 127, 134.

colonnade (CXVII): wahrscheinlich die Gräber der Ming-Kaiser in der Beschreibung von Raphael Pumpelly, *My Reminiscences*, Bd. II, New York 1918, S. 440.

come burchiello in su la riva (CXI): ital., wie ein Kahn bzw. Floß am Ufer. Abwandlung einer Zeile von Dante, *Inferno* XVII, 19: «Come tal volta stanno a riva i burchi» (dt.: «Wie öfters wohl am Ufer stehn die Barken/Zum Teil im Wasser und zum Teil am Lande»). Dies ist eine Beschreibung der Position Geryons. «Burchi» oder «burchielli» sind Barken oder Flöße mit Rudern. Pound denkt hier offensichtlich wieder an das Floß, auf das sich Odysseus rettete. Als gewohnheitsmäßiger Fußnotenverwerter entnimmt er das Wort «burchiello» dem laufenden Fußnotenkommentar zur *Divina Commedia*.

compassione (CXI): ital., Mitleid.

constitutional guarantees (CXI): s. Anm. zu April 22nd.

Convention (CXIII): Die Constitutional Convention (Federal Convention) zu Philadelphia, 25. Mai bis 17. September 1787, in der die amerikanische Verfassung entworfen wurde.

coral or turquoise/or walk with the oak's root (CX): Aus den Liedern der ¹Yu-²vu (Selbstmörder aus Liebe): «If I give you turquoise and coral eyes, will you again be able to see? If I attach the roots of the pine and the oak, will you again be able to walk? If I substitute you silver and gold teeth, will you again be able to laugh?», s. J. F. Rock, The Romance of ²K'a-²mä-¹gyu-³mi-²gkyi, in: *Bulletin de l'Ecole Française d'Extrême-Orient,* XXXIX, Hanoi 1939. S. 89.

Countess (CXIII): s. Pound, *Guide to Kulchur,* London 1938, S. 83: «Countess M (an Italian title) counted her high water mark a wedding at the court of St. Petersburg.» Vgl. Canto LXXIV/433.

Cozzaglio (CX): Riccardo, ital. Ingenieur, der mit Dino Martinazzi die Tunnelstraße entlang dem Ufer des Gardasees baute.

«crank» dead in Virginia (CXVI): Pound denkt hier an ein verstorbenes «Genie» in Virginia, von dem eine Theorie über die Herkunft eines Riesenfußstapfens stammt. Dies erinnert ihn an die Ode 245 des *Shih-ching,* wo eine unbefleckte Empfängnis erwähnt wird: Chiang Yüan, die Gattin des Kaisers K'u (–2426) wird dadurch schwanger, daß sie in den großen Zeh eines riesigen Fußstapfens tritt. Sie gebiert einen Sohn, den sie aussetzt. Das Kind wird durch ein Wunder gerettet und erhält den Namen Hou Ch'i (ch'i bedeutet Ausgesetzter). Hou Ch'i wird unter dem mythischen Urherrscher Yao Leiter des Ackerbaus. In Canto XCVIII/690 wird er als «john barleycorn Je Tzu» erwähnt und in CV/747 als «Hou Je» mit versehentlich vertauschten chinesischen Schriftzeichen.

cuniculi (CXVI): lat., cuniculus, Stollen, die Kaninchenbauten (cuni) ähneln. Altrömische Methode der Entwässerung der Sümpfe, die Pounds Freund, Giulio Del Pelo Pardi, wieder einzuführen versuchte. Vgl. Canto CI/724. S. a. Giulio Del Pelo Pardi, *Sterquilinio. La concinnità del «Sistema Culturale Del Pelo Pardi»,* Rom ²1940. Einschlägige Experimente wurden in den sechziger Jahren von seinem Sohn, Tommaso Del Pelo Pardi, in Kuba durchgeführt.

Daphne (CX; CXIII): Nymphe, die sich der Verfolgung Apollons durch die Flucht entzog und in einen Lorbeerstrauch verwandelt wurde. Der Lorbeer steht für die Gabe der Prophetie und der dichterischen Inspiration. Die Pythia zu Delphi kaute Lorbeerblätter, um «high» zu werden.

Del Mar (CXIV): Alexander (1836–1926), amerikanischer Verfasser mehrerer Werke über die Geschichte des Geldes, die eine wichtige Quelle der *Cantos* bilden, vor allem *A History of Monetary Systems,* New York 1903.

demigod (CXVI): Herakles, vgl. Pound, *The Women of Trachis* (1953), dt. u.d.T. *Die Frauen von Trachis,* Zürich 1960, S. 50 u. Anmerkung S. 56.

Dieudonné (CX; CXIII): ehemaliges Restaurant in London.

Dione Διώνη (C): Venus Genetrix, s. Pound, *The Spirit of Romance* (1910), Connecticut 1952, S. 18. S. a. das *Pervigilium Veneris.* Vgl. Canto XLVII/236, 239; LXXVI/458.

Directory (CXI): Das Direktorium, das Napoleon 1796 nach Italien entsandt hatte. Die Einigung Italiens wäre damals möglich gewesen. Vgl. Anm. zu Austerlitz.

Disney (CXVI): Walt (1901–1966), dessen Film (1958) über das Eichkätzchen *Perri,* nach einer Erzählung von Felix Salten, Pound gesehen hatte. S. das Pound-Interview von Donald Hall in: *The Paris Review,* Summer-Fall 1962, S. 27.

Donnelly (CXIII): Dr. Leo G. (gest. 1958), Freund Pounds. Im I. Weltkrieg diente er als orthopädischer Chirurg in Frankreich; 1935 gründete er die Social Credit Party in Detroit; 1944 war er Präsidentschaftskandidat der Greenback Party; in den 1950ern ließ er sich als Kandidat für den Kongreß aufstellen.

double arch (CXVII): s. Anm. zu colonnade. Eventuell eine Erinnerung an das Fenster in Canto IV/13.

Edicti prologo (CXI): Vorrede Rotharis, des siebzehnten Königs der Langobarden (636–652), zu seiner Gesetzsammlung, mit der er versuchte, die Armen unter seinen Untertanen vor den ständigen Unterdrückungen, ihrer «ganz überflüssigen Beanspruchung» und ihrer «Vergewaltigung» durch die Mächtigen juristisch zu schützen. Pound zitiert aus der Geschichte der Langobarden von Paulus Diaconus in der *Patrologia* von J. P. Migne. Paulus 4,42 schreibt: «sicut idem rex (Rothari) in sui edicti testatus est prologo». S. a. CIII/737.

e di diversa natura (CXIV): ital., Giordano Brunos Behauptung der Mehrheit bewohnter Weltkörper in dem V. Dialog, *De l'infinito:* «e otto, nove o dieci altri cieli, fatti d'un'altra materia, e di diversa natura (*I dialoghi del Bruno*, Augusto Guzzo, Torino 1932, S. 64).

elms (CXVI): die Ulmen des St. Elizabeth's Hospital for the Criminally Insane, wo Pound für mehr als 12 Jahre inhaftiert war.

«è mobile» (Fragment, ca. 1941): ital., ist trügerisch. Bekannte Verdi-Arie, «la donna è mobile», aus *Rigoletto.*

Endymion (CX): Selena, die Schwester des Helios, versenkte ihren Geliebten, Endymion, in ewigen Schlummer. Er ruht in einer Felsengrotte des Berges Latmos, wo ihn Selena allnächtlich besucht. Sein Grab wird auch in Olympia gezeigt.

es laissa cader ... de joi sas alas (CXVII): provenzalisch. Aus dem Lerchenlied des Bernart de Ventadour (1148–1195): «Sich fallen läßt ... vor Freude ihre Schwingen.» In der Übersetzung Karl Vosslers: «Seh ich die Lerche himmelan/*Mit Lust beschwingt* zum Sonnenstrahl/Wenn sie von Herzenswonne dann/wie trunken *niederfällt* ins Tal.» S. Anm. zu Allègre.

Euridice (CX): die tote Gattin des Sängers Orpheus. Persönliche Erinnerung Pounds.

ex profundis (CXI): lat., aus der Tiefe.

Fafnir (C): Der Drache aus der Nibelungensage, der den goldenen Hort bewacht. Auch Bernard Shaw identifizierte Fafnir mit dem Kapitalismus.

faillite, la (CXVII): franz., der Bankrott.

falling spiders and scorpions (CX): eigentlich giftige Tausendfüßler in einer Höhle bei Onomura, die sich «wie Spinnen» von der Decke herunterfallen ließen. S. Ed. S. Morse, *Japan Day by Day,* 2 Bde., Boston/New York 1917, Bd. 2 (1882–1833), Kap. XVII, S. 170–2.

farfalla (CXVII): ital., Schmetterling. Konkretes Detail; keine Anspielung auf Dantes angelica farfalla in *Purgatorio* X, 125. Vgl. Canto XCII/619.

fates (CX): «the nine fates and the seven»; nach dem Na-khi Glauben hat ein Mann 9 Schicksale und ein Mädchen 7. Sieben Mädchen herrschen über den Wind und haben in ihrem Gefolge alle Dämonen der Selbstmörder.

felix nupsit (CX): lat., eine glückliche Ehe. Bezieht sich auf die Ehe von Pounds Tochter. S. Mary de Rachewiltz, *Discretions,* Boston/Toronto 1971, S. 307.

formosus nec est nec decens (C): lat., ist weder wohlgestaltet noch anmutig.

Fortuna (CXIII): Göttin des Glücks. Vgl. Canto LXXXVIII/556; XCVI/656; XCVII/676–7 u. Dante, *Inferno* VII, 60–95.

Fréron (CXIV): Elie (1718–1776). Fréron kämpfte für Thron und Altar, unterstützt von beiden, gegen die «Philosophen» und Enzyklopädisten und richtete besonders gegen Voltaire die heftigsten Angriffe. Voltaire verhöhnte ihn in seinem Stück *Le café ou l'Ecossaise* und in *Le Pauvre Diable*. «L'autre jour, au fond d'un vallon/Un serpent mordit Jean Fréron/Que pensez-vous qu'il arriva?/Ce fut le serpent qui creva!»

Fugger-Zeichen ψ (CXIII): Die Fugger wählten den Dreizink zu ihrem Zeichen in falscher Auslegung des Familiennamens als Forke; der Name ist eigentlich auf das altdeutsche Wort für färben (lat. fuccare) zurückzuführen. Pound entdeckte das Zeichen auf einer westdeutschen Briefmarke des Jahres 1959, die zum 500. Geburtstag von Jakob Fugger herausgegeben wurde.

Fu Hi (CXIV): (Fu Hsi) legendärer prähistorischer Herrscher Chinas (2953–2838). Erfinder der Kochkunst, des Fischfangs, der Fallen. Sein Emblem ist das Winkelmaß als das Symbol aller Künste, in erster Linie der heiligen und magischen Künste. Er wird auch mit der «Sitte» und der «Familie» assoziiert. Fu Hsi ist einer der fünf mythischen Urherrscher; auf der Tabelle der Entsprechungen gehört er zur Wandlungsphase «Holz», die wiederum der «Vorstellungskraft» und dem Wachstum entspricht, so wie das «metal», das Pound hier erwähnt, Shao-hao zugeordnet wird. Vgl. Canto LIII/262–4 u. XCVII/679.

Galla's rest (CX): Galla Placidia (388–450): römische Kaiserin. Ihr Mausoleum befindet sich bei San Vitale (Kirche von St. Nazario Celso) zu Ravenna. Vgl. Canto XXI/98 u. LXXVI/455.

Galliffet (CX): Gaston Alexandre August de (1830–1909). Pounds Freund, Victor Gustave Plarr (1863–1919), erzählte ihm von Galliffets Reiterattacke mit den Chasseurs d'Afrique bei Sedan 1870. Galliffet war auch der Schlächter der Pariser Kommune von 1871, was aber Pound übersieht. Vgl. Canto XVI/70.

Garda (CX; CXIII): der Gardasee. Vgl. das frühe Gedicht «The Flame» (1911), dt. in: Pound, *Personae: Die Masken Ezra Pounds,* Zürich, 1959, S. 73–74, sowie Canto XLIII/625 u. XCV/646. Vgl. auch «Three Cantos», *Poetry* X, 4 (Chicago) Juli 1917, S. 18.

Gardesana (CX): die Gardesana occidentale, orientale. In Riva beginnt die Gardesana occidentale längs dem Westufer des Gardasees, eine der bekanntesten Straßen Europas. Ihre Trasse ist über große Strecken aus der Felswand herausgesprengt, mehr als 50 Brücken führen über Schluchten, Wasserfälle und Felsspalten. Die Felsgalerien bestehen aus 70 Tunneln.

Genlis (CXI): Mme Stéphanie-Félicité de (1746–1830), Autorin und Musikerin. Sie war Erzieherin der Kinder des Duc D'Orléans, Philippe Égalité, wurde seine Geliebte und schrieb ein Buch über Kindererziehung. Sympathisierte mit der Revolution und mußte ins Ausland fliehen. Unter dem Konsulat kehrte sie zurück. Napoleon gewährte ihr eine Pension. S. a. Canto CIII/734.

Geryon (CXI): Ein Ungeheuer, das den Wucher symbolisiert. In Dantes *Inferno* XVII der Wächter des 8. Höllenkreises, der den Betrügern gewidmet ist. Vgl. Canto XLVI/235; XLIX/245; LI/251.

Gisors (CXI): Stadt nordwestlich von Paris, alte Hauptstadt des Vexin. Vgl. Canto VI/21; X/46.

Giustizia (CXIII): ital., Gerechtigkeit.

gold mermaid (CXI): eine Anima-Figur im Zusammenhang mit der alchimistischen Transmutation. Vgl. «Undine», Canto XCI/610; XCIII/623; «Reina» XCI/610–611. S. Anm. zu «anima into aura».

gold thread (CX und CXVI): das Goldornament der Mosaiken von Torcello.

^{2}Hăr-^{2}la-^{1}llü ^{3}k'ö (CX): die Gesamtbezeichnung der 13 Zeremonien, die von den Na-khi vollzogen werden, um die Geister von Selbstmördern zu entsühnen. Wörtlich heißt sie: Windwogen vollziehen. Wenn diese Zeremonien nicht durchgeführt werden, bleiben die Geister der Selbstmörder kopflose Dämonen bzw. Wind-Dämonen, die Hagel und Seuchen herbeiziehen. Wenn ein Mensch stirbt, ist es von äußerster Wichtigkeit, daß ein Verwandter seinen letzten Atemzug sieht. Sonst muß ein Huhn erwürgt werden, dessen letzter Atem dann für den des Selbstmörders steht. Siehe J. F. Rock, The ^{2}Mùan̲-^{1}bpö Ceremony or the Sacrifice to Heaven as practised by the ^{1}Na-^{2}khi, in: *Annali Lateranensi,* XVI, Rom 1952, S. 56, 59, 63, 74.

Hartford (CXI): Hauptstadt von Connecticut; s. Anm. zu Wadsworth.

Harve was like that (CXIV): Verwandter Pounds, s. *Indiscretions* (1920), in: *Pavannes and Divagations,* Connecticut 1958, S. 11 u. 37.

H.D. (CXIII): Hilda Doolittle (1886–1961), amerikanische Lyrikerin und alte Bekannte Pounds.

Helios (CXIII): der griech. Sonnengott, der mit seinem vierspännigen Wagen den Himmel umkreist.

Hesperiden (CXIII): die Töchter des Atlas und der Hesperis. Bewachten im fernen Westen die goldenen Äpfel eines Baumes, den die Göttin Gäa aus ihrem Schoß sprießen ließ.

hic mali medium est (C): lat., hier ist der Kern des Übels.

his fragments (CX): als J. F. Rock infolge des II. Weltkriegs Lichiang verlassen mußte, sandte er alle seine Aufzeichnungen über die Na-khi mit vielen Na-khi-Manuskripten und Büchern nach Kalkutta, wo sie auf das amerikanische Schiff S.S. Richard Hovey verladen wurden, das nach den USA fuhr. Das Schiff wurde von einem japanischen Torpedo getroffen und sank auf den Grund des arabischen Meers. Rock schreibt darüber: «lost 18 volumes and 300 pages», The ^{2}Mùan̲-^{1}bpö Ceremony or the Sacrifice to Heaven as practised by the ^{1}Na-^{2}khi, in: *Annali Lateranensi,* XVI, Rom 1952, S. 10.

H.L.P. (CXIV): Homer Loomis Pound (gest. 1942), der Vater Ezra Pounds.

host of Egypt (CXIII): Vgl. Pounds Ausführungen über die Architektur von New York in: *Patria Mia* (1912), Zürich 1960, S. 27ff.

Hsiang Shan (CXII): chin., Elephanten-Berg, s. Anm. zu Li-chiang.

hsin 新 (CX): chin., erneuern.

Hui (CXI): bezieht sich auf die Überlegenheit Yen Huis über Tzukung, beide Jünger von Konfuzius; s. Konfuzius, *Lun-yü* V, 8.

huo-hu (CXII): chin., der Rotfuchs, s. J. F. Rock, The ^{2}Mùan̲-^{1}bpö Ceremony or the Sacrifice to Heaven as practised by the ^{1}Na-^{2}khi, in: *Annali Lateranensi,* XVI, Rom 1952, S. 3.

Hydra (C): Wasserschlange, vielköpfiges Ungeheuer in dem Sumpf von Lerna.

hypostasis (CXIV): Wesen, Vergegenständlichung. Nach der Definition des Konzils von Nikäa (325) ist die Trinität eins der Substanz nach und drei in der Hypostase oder *persona.*

Ian, Sir (CXIII): wahrscheinlich General Ian Standish Monteith (1853–1947), hoher Generalstabsoffizier der britischen Armee (vgl. a. Canto LXIII/632), war aber im Jahre 1920 längst im Ruhestand, so daß hier eine Verwechslung vorliegt. Es handelt sich an dieser Stelle um eine Information, die Pound mündlich von Stephanie Yankowska (q. v. unter «Stef») erhielt.

iris (CX): vermutlich eine Anspielung auf die mit Iris überwachsenen Sümpfe in Seamis Nō-Spiel *Kakitsubata* (kakitsubata = jap. Iris laevigita). Vgl. *Kakitsubata* in Fenollosa/Pound/Eisenstein, *Nō: Vom Genius Japans,* Zürich 1963, S. 184ff.

Isbuschenskij (CX): die Steppe von Isbuschenskij in der Ukraine, wo am 24. August 1942 das Regiment Savoia Cavalleria eine Reiterattacke gegen die Russen ritt. Es gab bei den Italienern 32 Tote (offiziell 3), 52 Verwundete (offiziell 5) und mehr als hundert verletzte oder verlorene Pferde. Die Russen verloren – nach italienischen Angaben – 150 Tote und 500 Gefangene.

Ixion (CXIII): Ixion ist der gestürzte Sonnengott, der im Tartaros an ein feuriges Sonnenrad gebunden ist. Vgl. Canto LXXX/503.

Janequin (Fragment ca. 1941): Clement, franz. Komponist des 16. Jh.; bekannt wegen seines Vogelchorals mit den einzelnen Vogelstimmen. Vgl. Canto LXXV/450–451 u. LXXIX/485.

Jesselton, Borneo (CX): früher Hauptstadt von Nord-Borneo. Nach der Unabhängigkeit (1963) wurde Jesselton in Kota Kinabalu und Nord-Borneo in Sabah umbenannt.

jih 日 (CX): chin., die Sonne.

Joel (CXIV): Joel Pound, Urgroßonkel Pounds. S. *Indiscretions* (1920) in: *Pavannes and Divagations,* Connecticut 1958, S. 16, 41, 43–44.

July 14th (CXIV): 1959. Datum aus dem Privatleben.

juniper (CX): Nach dem Glauben der Na-khi steht der Wacholder für die Gottheit: «The head of the juniper supports Heaven, therefore the vast heaven is immobile, the foot of the juniper is attached to the earth and the vast earth therefore does not move. ... Between the oak tree representing Heaven and Earth is the Juniper which represents the deity.» Siehe J. F. Rock, The ²Mùa̱n-¹bpö Ceremony or the Sacrifice to Heaven as practised by the ¹Na-²khi, in: *Annali Lateranensi,* XVI, Rom 1952, S. 18. Vgl. Canto XCVI/651; CI/723; CVI/753.

Justinian (CXVI): Justinian I., byzantinischer Kaiser (527–565), der das römische Recht im *Corpus Juris Civile* kodifizierte.

Kalenda Maja (CXIII): «das Fest der Venus Genetrix, das als Mai-Feiertag fortlebt» (Pound, *The Spirit of Romance* 1910, Connecticut 1952, S. 18). Außerdem eine bekannte Estampida des Raimbaut de Vaqueiras (1180–1207): «Kalenda maia/Ni flor de faia/Ni cant d'auzell.»

Kallĭastrágălos Καλλῐαστράγᾰλος (CX): griech., mit schönen Fesseln, ein Attribut der Artemis. Vgl. Canto XVII/76 u. CIX/774.

Khaty (CX): Nebkeure Akthoi (2252–2228), Pharao, 11. Dynastie. Khaty schrieb einen bekannten Brief mit Ratschlägen an seinen Sohn. Pounds Quelle war: Boris de Rachewiltz, *Massime degli Antichi Egiziani,* Mailand 1959. Vgl. Canto XCIII/623, 626–627, 631; XCV/643; XCVIII/699, 709; CV/749.

Kinabalu (CX): Berg in Nord-Borneo, heute Sabah.

Knox (CX): Frank (1874–1944), Staatssekretär der Marine unter Roosevelt. Republikanischer Journalist im Zeitungskombinat von William Randolph Hearst, das er 1931 verließ, um einen Mehrheitsanteil der *Chicago Daily News* zu kaufen, in der er einen erbitterten Kampf gegen die Sozialgesetzgebung Roosevelts im New Deal führte, insbesondere gegen den Social Security Act. Als Vizepräsidentschaftskandidat der Republikanischen Partei fiel er bei den Wahlen 1936 durch. Wurde dann eifriger Befürworter der antijapanischen Politik Roosevelts, wofür er trotz republikanischer Parteizugehörigkeit in der dritten Amtszeit Roosevelts mit dem Posten des Marineministers belohnt wurde. Vgl. Canto LXXXVIII/481.

Komachi (CX): s. das Nō-Spiel *Kayoi Komachi,* dt. in: Fenollosa/Pound/Eisenstein, *Nō: Vom Genius Japans,* Zürich 1963, S. 49ff. Das Stück handelt von Ono no Komachi, einer berühmten japanischen Dichterin des 9. Jh.; relevant ist vor allem Pounds Bemerkung: «Das klingt wie eine Bestätigung der neuerlichen Ansicht, nach der man Geister beschwören oder bannen kann, indem man sie beim Namen nennt» (S. 51).

Kosmos (CXVI): Wahrscheinlich eine Erinnerung an Walt Whitmans Gedicht «Kosmos» (1867) oder «Song of Myself». Whitman gebrauchte das Wort im Sinne Emersons als ein Individuum, das eine systematische umfassende Harmonie in sich besitzt. Ansonsten bedeutet das Wort «ein geordnetes Universum». Vgl. Canto CII/730–731; CV/750.

Kuanon (CX): Kwannon, chin. Kuan-yin, männlicher oder weiblicher Boddhisatva der Barmherzigkeit. Vgl. «pity», «compassione», «charity».

Laforgue, Jules (CXVI): franz. Dichter (1860–1887). Laforgue beschreibt das Berliner Aquarium als Sinnbild des Nirvana: «die stummen Tiefen, die nur die Ewigkeit kennen, für die Frühling, Sommer, Herbst und Winter nicht existieren» (*Moralité légendaire Salomé,* 1888).

^{2}La-^{2}muṉ-^{3}mi (CXII): «^{1}Ssaw-^{2}yi-^{2}wùa-^{2}de's breath caused a magic, whereupon *white wind* and *white dew* came forth, the two caused a magic (or had intercourse) and a white lake and white foam were born; after three nights there was born an egg and from it came forth ^{2}Mùan-^{3}mi ^{3}Na (^{3}Non)-^{2}ssä ^{2}p'u-^{1}min-^{3}mi. After three nights she caused a magic and *from her breath came forth* 13 brilliant ^{2}Pu-^{1}la ^{2}ghügh-^{2}ddo ^{2}La-^{2}muṉ-^{3}mi», d.h. Göttinnen. Siehe J. F. Rock, The ^{2}Mùaṉ-^{1}bpö Ceremony or the Sacrifice to Heaven as practised by the ^{1}Na-^{2}khi, in: *Annali Lateranensi,* XVI, Rom 1952, S. 44.

Lannes (CXI): Jean (1769–1809), Marschall von Frankreich und

Herzog von Montebello, wo er eine Schlacht gewonnen hatte.

La Tour (CX): Pariser Restaurant.

Law (CXIV): John (1671–1729). Theoretiker des Kredits. Er vertrat den Gedanken, daß der Staat wie jeder Privatbankier einen Kredit erwerben könne, der das Zehnfache der zur Verfügung stehenden Mittel betrage und daß zu diesen Mitteln auch Grund und Boden gehörten. Sein vierjähriges, gescheitertes Experiment mit der Ausgabe von Papiergeld ist in der Geschichte der Finanz von ausschlaggebender Bedeutung.

Lewis, Wyndham (CXV): (1884–1957). Englischer Schriftsteller, Maler, Freund Pounds. Ca. 1951 erblindete Lewis und verweigerte eine Operation, die ihm vielleicht das Augenlicht wiedergegeben hätte, als zu gefährlich.

Li-chiang (CXII, CXIII): Alte Hauptstadt der Na-khi in Yünnan, SW-China. «Yi-gv, present day name of Ch'ing-hsi-ts'un is a small village. Here water springs issue over quite an area and flow south through the town of *Li-chiang*. These springs are called Na-khi ssi or Ssu-mi gyi: *Pomegranate water*. The spring which issues at the foot of the *Hsiang Shan* and which forms *the pool on the temple grounds of Lung Wang* is called Ngu-lu gyi. The water from these springs flowing through the town of Li-chiang 5 li south are called *Yü-ho or Jade Stream*. Li-chiang is the old capital of the Na-khi kingdom», J. F. Rock, The ²Mùa̱n-¹bpö Ceremony or the Sacrifice to Heaven as practised by the ¹Na-²khi, in: *Annali Lateranensi,* XVI, Rom 1952, S. 68ff.

lifting and folding brightness (CXIII): Vgl. Pounds Gedicht «Phanopoeia» (1918), dt. in *Personae: Die Masken Ezra Pounds,* Zürich 1959, S. 283ff.

Limone (CXIII): Ort am Gardasee.

Linnaeus (CXIII, CXV, CXVI): Karl von Linné (1707–1778), Naturforscher, vor allem Botaniker und Zoologe.

Li Sao (CXIII): chin., «Abschied vom Kummer», Elegie von Ch'ü Yüan (ca. 338–288). Der Titel wird auch manchmal als «Begegnung mit dem Kummer» übersetzt.

Litterae nihil sanantes (CXVI): lat., Literatur, die nichts heilt. Zitiert nach einem Brief von John Adams an Thomas Jefferson vom 28. Juni 1812. Vgl. Canto XXXIII/161.

«Locke» (CXIV): ein Buch von John Locke (1631–1704), dem englischen Philosophen.

Lodge (CX): Henry Cabot (1850–1924), amerikanischer Politiker, Mitglied des Kongresses (1887–1893), des Senats (1893–1924). Gegner des Beitritts der USA zum Völkerbund. Vgl. Canto LXXXVIII/481 u. LXXXIX/603.

Lorbeer (CX u. CXIII): s. Anm. zu Daphne.

Lotophagoi (C): griech., Lotos-Esser, d. h. die Rauschgiftsüchtigen. Nach Homer, *Odyssee* X, 82–104. Vgl. Canto XX/93.

luna (CXII): lat., Mond. Vgl. Pound «All under the moon is under Fortuna», Canto XCVI/565. Nach Plutarch, *De facie in orbe lunae*. S. a. Selena, Fortuna, Artemis.

Lung Wang (CXII): chin., der Drachenkönig. S. Anm. zu Li-chiang.

lux enim (CX): lat., das Licht nämlich; nach Robert Grosseteste (gest. 1253). *De luce seu de inchoatione formarum* (Hrsg. Ludwig Baur, Münster 1912, S. 51): «Lux enim per se in omnem partem se ipsam diffundit, ita ut a puncto lucis sphaera lucis quamvis magna subito generetur, nisi obsistat umbrosum.» Vgl. Pound, *Make it New,* London 1934, S. 359–360.

MacLeod (CXIV): Joseph Gordon, schottischer Dichter, der Pound 1936 auf den Unterschied zwischen Eigentum und Besitz aufmerksam gemacht hatte. Vgl. *The Letters of Ezra Pound 1907–1951,* Hrsg. D. D. Paige, London 1951, S. 369.

Madonna (CXVI): das Madonnenbild zu Torcello.

Mai (17 Maggio und 19th May '59) (CXIII): Daten von Ereignissen im Privatleben Pounds.

malvagità (CXIII): ital. Grantigkeit, Bosheit.

M'amour (CXVII): franz., meiner Liebe; nach François Villon, *Le Grand Testament,* LXXX.

Marcella (CXIII): Marcella Spann, Mitarbeiterin Pounds an der Anthologie *Confucius to Cummings,* abgeschlossen 1959, aber erst 1964 in New York veröffentlicht.

Martinazzi, Dino (CX): Ingenieur, der mit Riccardo Cozzaglio (q.v.) die Tunnelstraße entlang dem Ufer des Gardasees baute.

Men against Death (CXIII): Anspielung auf das Buch gleichen Titels (New York 1932) von Paul de Kruif (1890–1971), dem Bakteriologen und Schriftsteller. Das Buch behandelt die Fortschritte in der Behandlung von Kindbettfieber, Syphilis, Malaria, Papageienkrankheit usw. Pound will De Kruifs Liste der medizinischen Pioniere durch neue Namen ergänzen. Er hatte ein früheres Werk von De Kruif, *Hunger Fighters* (1934), besprochen und mit dem Autor korrespondiert. De Kruif dankte ihm in dem Vorwort zu *Why Keep Them Alive,* 1936. Vgl. *Guide to Kulchur,* London 1938, S. 317.

metal (CXIV): s. Anm. zu Fu Hi.

Mortal praise (CXIII): nach Dante, *Inferno* VII, 94. S. Anm. zu Fortuna.

moving is from the inward (CXIV): bezieht sich auf Giordano Brunos (q. v.) Idee der natura naturans; s. Bruno, *Von der Ursache,* I, Dialog II.

Mozart (CXIII): Wolfgang Amadeus (1756–1781).

mu 木 (CXIV): chin., Holz, s. Anm. zu Fu Hi.

^{2}Mùaṉ-^{1}bpö (CXII): Das Himmelsopfer: «If ^{2}Mùaṉ-^{1}bpö is not performed, all that which we accomplished is not real; if ^{2}Mùaṉ-^{1}bpö is not performed, we will not attain perfection like others.» Siehe J. F. Rock, The ^{2}Mùaṉ-^{1}bpö Ceremony or the Sacrifice to Heaven as practised by the ^{1}Na-^{2}khi, in: *Annali Lateranensi,* XVI, Rom 1952, S. 46.

mucchio di leggi (CXVI): ital., ein Heuhaufen (Gewirr) von Gesetzen.

^{1}mun  (CXII): Na-khi, ein Worfelsieb, s. Anm. zu Arundinaria und Fortuna. Vgl. J. F. Rock, *ibid.*, S. 71.
Muss. (CXVI): Benito Mussolini (1883–1945).

Napoleon (CXI): Napoleon Bonaparte (1769–1821), der hier womöglich für Mussolini steht. Vgl. Canto XCII/680.
^{2}Ndaw-^{1}bpö (CXII): Das Erdopfer, das denselben Wortlaut hat wie das Himmelsopfer. S. Anm. zu ^{2}Mùan̲-^{1}bpö.
Neptunus (CXVI): Gott des Meeres und der Veränderung, der Delphin ist sein emblematisches Tier.
neschek (C): hebr., Wucher.
Novara (CX): s. Anm. zu Brescian lions. Die Lancieri di Novara besiegten in der letzten Schlacht des I. Weltkrieges bei Vittorio Veneto (24. Okt.–3. Nov. 1918) die Österreicher. Dies führte zum Waffenstillstand von Villa Giusti.

oak (CX): Eiche. J. F. Rock schreibt: «To the north of Li-chiang are the finest ^{2}Mùan̲-^{1}bpö d'a I have seen [also die schönsten Orte für das Himmelsopfer]. ... They are distinguished from afar by large groves of magnificent old oaks (Quercus semicarpifolia).» *Ibid.,* S. 13, 22, 27. S. Anm. zu Quercus.
oak's root (CX): s. Anm. zu coral eyes.
Oct. 31st. (CXI): im Jahr 1814. Ein Satz Talleyrands, der selber gesagt hatte, daß die Sprache dazu gemacht sei, Gedanken zu verbergen und dem Wort «legitimité» auf dem Wiener Kongreß einen fatalen neuen Sinn gab.
Oleari (CX): italienischer Kriegsschauplatz im I. Weltkrieg.
Oneida, the man of (CXIV): Pounds Onkel Loomis, den er einerseits mit der Oneida Colony (Eifersucht) und andererseits mit dem Pferdediebstahl (Eigentum) assoziiert. Die Oneida Colony (1847–1879) wurde von John Humphrey Noyes (1811–1886) auf kollektivistischer und kommunistischer Basis gegründet. Zudem praktizierte die Kommune «Complex Marriage», ein System, nach dem alle Mitglieder miteinander verheiratet waren. Vgl. John Humphrey Noyes II, *A History of American Socialism,* Philadelphia 1870.
Opium Shanghai, opium Singapore (C): Die englische Ostindische Kompagnie begann die Opiumkultur in Bengalen, monopolisierte sie und führte ab 1773 Opium in immer größeren Mengen nach China ein. 1820 verbot die chinesische Regierung die weitere Opiumeinfuhr. Das führte zum sog. Opiumkrieg 1840–1842. So wurde China erneut «dem Handel geöffnet».
Orage (CXI): Alfred Richard (1873–1934), englischer Publizist und Herausgeber des *New Age,* London.
owl and wagtail (CXII): Eule, Wippsterz und Rotfuchs sind nach dem Na-khi-Glauben alle ^{3}ch'ou, d.h. unrein und müssen rituell geläutert werden. Siehe J. F. Rock, *ibid.,* S. 30.

palimpsest (CXVI): griech., Handschrift, bei der sich unter der Schrift noch eine ältere findet.
panache (CX): franz., Helmfederbusch, Schneid.

Paphos (C): Heiligtum der Aphrodite auf Zypern.

paradiso terrestre (CXVII): ital., ein irdisches Paradies. Siehe Dante, *Purgatorio* XXVIII–XXXIII.

Paré, Ambroise (CXIII): (1517–1590), französischer Feldscher, führte das Abbinden der Arterien anstelle der Kauterisierung ein. Bekannt ist sein Spruch: «Je le pansay, Dieu le guarist.» Vgl. Canto CIV/741.

parsley (CXIII): Petersil. «Persillum vocant sacerdotes rudiculum picatum, quo unguine flamen Portunalis arma Quirini unguet», sexti Pompei Festi, De verborum significatu, Hrsg. W. M. Lindsay, Leipzig 1913. Pound verwechselt hier das Wort «persillum», eine Holzspachtel, mit der Salbe aufgetragen wird, mit «petroselinum» bzw. Petersilie.

partridge-shaped cloud (CXIII): Das Rebhuhn ist ein Vogel der Hera oder Juno. Ixion (q. v.) näherte sich lüstern der Götterkönigin, aber er kopulierte mit einer Wolke, die die Gestalt Heras angenommen hatte und wurde für diesen Frevel in der Hölle bestraft. Vgl. auch Pound, *Patria Mia* (1912), Chicago 1950, S. 56.

Persephonae (CX): die Göttin des Totenreichs. Vgl. Pound, *Homage to Sextus Propertius* VI, 26 u. VI, 30 (1919).

Pétain (CXIII): Henri Philippe (1856–1951), Marschall von Frankreich. Nach dem II. Weltkrieg wegen Kollaboration mit dem Dritten Reich zu lebenslänglicher Haft verurteilt. Die Stelle bezieht sich auf den polnischen Einmarsch in der Ukraine im Jahre 1920. Pétain (wie übrigens auch die Staatsoberhäupter Englands und der USA) warnte die Polen eindringlich vor diesem Vorgehen, das er für eine gefährliche Herausforderung der Sowjetunion ansah. Bald darauf waren die polnischen Truppen von der Roten Armee bis vor die Tore Warschaus zurückgedrängt worden. S. a. Anm. zu Black Sea.

Peters, Paul (CXIII): amerikanischer Schriftsteller (1906–19??), der während der großen amerikanischen Wirtschaftsdepression der dreißiger Jahre bis zum Kriegseintritt Roosevelts in Zeitschriftenartikel für die Verwirklichung der Freigeldtheorie von Silvio Gesell plädierte, um so das Arbeitslosenproblem (die USA hatte damals 10 Millionen Arbeitslose) durch Arbeitsbeschaffung zu lösen. Gesell wollte die Wirtschaft über eine forcierte Zirkulation des Geldes wieder ankurbeln. Diese Forcierung sollte durch die Besteuerung der Banknoten mit einem Schwundsatz von wöchentlich einem Tausendstel (1‰) bzw. 5,2% im Jahr in Form von aufklebbaren Marken erreicht werden. Daher die Bezeichnung «rostende Banknoten» (Gesell) bzw. Schwundgeld (siehe Silvio Gesell, *Die natürliche Wirtschaftsordnung durch Freiland und Freigeld,* Berlin u. Bern [6]1924). Um dieser Besteuerung zu entgehen, werden die Inhaber von Banknoten immer bemüht sein, sie so schnell wie möglich weiterzugeben oder auf die Sparkasse zu tragen, die ihrerseits auch wieder danach trachten muß, Abnehmer für die Sparanlagen heranzulocken, wenn nötig, durch Herabsetzung des Zinsfußes. – In der Marktgemeinde Wörgl,

Österreich, wurde diese Methode 1932 in kleinem Ausmaß von dem Bürgermeister Michael Unterguggenberger eingeführt mit einem monatlichen Schwundsatz von 1% bzw. 12% im Jahr. Paul Peters und die amerikanischen Gesellisten hielten sich an Gesells wöchentliche Rate, die Pound aber mit 1% beziffert, weil er dabei an den Satz von Wörgl denkt. Es handelt sich also um ein Mißverständnis seinerseits. S. a. Anm. zu Schwundgeld.

Pick, Tim (CXIV): Timothy Pickering (1745–1829). Zitat aus einem Brief von John Adams an Thomas Jefferson vom 29. Mai 1818. Adams sah in Alexander Hamilton und Timothy Pickering, die eine Verleumdungskampagne gegen ihn inszeniert hatten, seine Erzfeinde.

plus j'aime le chien (CXVI): franz., je lieber sind mir die Hunde. Mme Roland (q. v.) hatte gesagt: «plus je connais l'homme, plus j'aime le chien.»

Portofino (CXIII): italienische Hafenstadt in der Nähe von Pounds Wohnsitz in Rapallo.

pomegranate water (CXII): s. Anm. zu Li-chiang.

Pumpelly (CXIII): Raphael Pumpelly (1837–1923). Autor von *Across America and Asia*, 1869 and *My Reminiscences*, 2 Bde., New York 1918. Amerikanischer Geologe, zeitweilig im Dienst der japanischen Regierung. In *Across America and Asia*, Bd. I, S. 165, schreibt er über seine Studienzeit in Freiburg i. Breisgau: «Parkyn knew what real adventure was: for he was older than I, and he had spent two years in the wild life of the first rush to the gold fields of Australia. One of his stories recurs to me. Parkyn stayed one night at a wayside house in the 'bush'. He was eating when a man entered and handed the cook something wrapped in paper, telling him to cook it. Then he sat down opposite Parkyn. When the man had emptied his dish, he leaned back and said: 'There! *I told the damned – – – I'd eat his damned liver, and I've done it!*'» Zu Pumpelly, s. a. Canto LXXXIX/597.

pyramid builder (CXIII): s. Pound, *Patria Mia* (1912), dt. Zürich, S. 27ff.

Quelque toile au Louvre en quelque toile (CXIV): franz., im Louvre auf irgendeinem Bild.

Quemoy (CXI): Insel vor der Südost-Küste Chinas, seit 1949 von Chiang K'ai-shek-Truppen besetzt. Als Pound diesen Canto schrieb, wurde Quemoy vom Festland her beschossen.

Quercus (CX): Quercus semicarpifolia, immergrüne Eiche der Gegend von Li-chiang. Der Eichenbaum steht bei den Na-khi für Himmel (^{2}Mùa̱n) und Erde (^{2}Ndaw). Siehe J. F. Rock, *ibid.*, S. 21 u. 25.

Quos ego Persephonae (CXI): lat., «die ich Persephone», nach Properz VI, 26: quos ego Persephonae maxima dona feram, dt. in: *Personae: Die Masken Ezra Pounds*, Zürich 1959, S. 355: «Genug, genug, ja reichlich/Drei Bücher werden da sein bei meinem Leichenbegängnis,/Die ich Persephone mitbring, keine unbeträchtliche Gabe.»

rice grows and the land is invisible (CXII): «When rice is transplanted into the fields it grows so that the ground is invisible, this is due to ^{1}O-^{2}mä-^{1}hä» (dem Gott des Reichtums und des Korns), s. J. F. Rock, The ^{2}Mùa̱n-^{1}bpö Ceremony or the Sacrifice to Heaven as practised by the ^{1} Na-^{2}khi, in: *Annali Lateranensi,* XVI, Rom 1952, S. 50.

Roche-Guyon (CXI): Louis Alexandre Duc de La Roche-Guyon et de Larochefoucauld d'Anville (1743–1792). Roche-Guyon, der bei den Ereignissen vom 20. Juni 1792, als die Menge in die Tuilerien eindrang und die Königsfamilie beschimpfte, seine Stimme gegen den Bürgermeister Pétion erhob, mußte aus Paris fliehen, wurde aber zu Forges verhaftet und starb am 14. November 1792 an den Folgen eines Steinwurfs, den er bei dem Transport durch die Stadt Gisors aus der Menge erhalten hatte.

Rock (CX; CXIII): Joseph F. Rock, geb. 1884 in Wien, gest. 5. Dezember 1962 in Honolulu. Botaniker und Amateur-Ethnologe. Wurde 1913 amerikanischer Staatsbürger. Erste Ankunft in Li-chiang 1922. Wegen seiner Nebentätigkeit als Kartograph im Auftrag der US-Armee mußte er China nach der Vertreibung Chiang K'ai-sheks verlassen.

Roland, Marie Jeanne (CXVI): (1754–1793). Heiratete 1780 Roland de Platière, der 1792 unter Brissot Innenminister und von Louis XVI. wegen eines freimütigen Briefes entlassen wurde. Nach dem Sturz des Königshauses wurde er wieder ins Ministerium berufen. Beim Sturz der Girondisten sollte er verhaftet werden, entfloh aber. Als er von der Hinrichtung seiner Gattin erfuhr, beging er Selbstmord. Mme Roland war eine begeisterte Republikanerin und verfaßte viele Aufsätze und Reden im Interesse der Politik ihres Gatten. Sie wurde wegen ihrer Korrespondenz mit den Girondisten verhaftet, verteidigte sich vor dem Tribunal selbst und wurde guillotiniert.

Rothari (CXI): 17. Langobardenkönig (636–652), ließ 644 die Volksrechte der Langobarden in einem Gesetzbuch zusammenfassen; s. Anm. zu Edicti prologo. Vgl. Canto XCVII/652 u. CIII/737.

Rothschild (C): Eine atypische jüdische Großfamilie, die durch ihre Intrigen gegen Napoleon zugunsten Englands die Interessen der Juden Europas empfindlich schädigte. Die Emanzipation der Juden aus dem mittelalterlichen Ghetto-Zwang war mit der Sache der französischen Revolution und Napoleons verbunden. Die französische Nationalversammlung hatte 1791 den Juden Frankreichs volle Bürgerrechte gegeben. Napoleon berief 1806 einen Sanhedrin, der den Juden gemäß dem Statut, das er ausarbeitete, diese Bürgerrechte bestätigte. Wo immer die französischen Armeen erschienen, folgte ihnen die Judenbefreiung (in Hessen 1808, Frankfurt 1808–11, Preußen 1812). Als die gegen Napoleon alliierten Truppen einrückten, gingen die Juden ihrer neuen Rechte wieder verlustig. Die Frankfurter Judengemeinde und die jüdischen Glaubensgenossen machten deswegen 1814 eine Eingabe an den Wiener Kongreß. Diese Gesuche wurden nicht bearbeitet. Der vorrevolutionäre Zustand wurde überall wieder hergestellt. Metternich und der Zar identifizierten die Judenemanzipation mit der französischen Revolution, während die reichen Juden, die Rothschilds, Arnstein, Herz und die jüdischen Salonlöwinnen sich mit der Reaktion in Gestalt der Heiligen Allianz identifizierten. Die Unterdrückung der freiheitlichen Bestrebungen in ganz Europa wurde dann auch im 19. Jh. von den Häusern der Rothschilds in Neapel, Wien, Paris und London finanziert. Vgl. Canto XL/198; XLVI/233; XLVIII/241; LXXX/501.

Rupe Tarpeia (CXVII): der Fels, von dem zu römischen Zeiten die Verräter hinuntergestürzt wurden.

rush-light (CXVI): Erinnerung an die Adonis-Gärten («The small lamps drift in the bay») in Canto XLVII/236.

salita (Fragment ca. 1941): ital., der Aufstieg oder Bergpfad von Rapallo nach Sant'Ambrogio.

San Carlo (CX): Pariser Restaurant.

Sandro (CXIV): Sandro Botticelli (1444–1510), Florentiner Maler.

San Pantaleo (Fragment ca. 1941): Ort bei Sant'Ambrogio, bei Rapallo.

old Sarah (CXIV): Sarah Angevine Loomis, Großmutter Pounds, aus einer Familie von Pferdedieben. Vgl. *Indiscretions* (1920), in: *Pavannes and Divagations,* Connecticut 1958, S. 11.

Sassoon (C): eine sephardische Familie aus Bagdad, die 1832 nach Bombay in Indien übersiedelte. Ein Teil der Familie ging später nach China, wo sie im Opium-Handel (q. v.) eine maßgebliche Rolle spielte. Dank ihrer Förderung der imperialistischen Interessen Englands nebst den eigenen konnten sie sich 1858 auch in London etablieren und zwar durch die Söhne David Sassoons (1792–1864), S. D. Sassoon und dessen Bruder Reuben. Reuben pflegte die Baccarat-Schulden von Edward VII. zu begleichen. Die nachfolgende Generation war nicht mehr im Geschäftsleben tätig. Von den Enkeln S. D. Sassoons wurde Philip im I. Weltkrieg Privatsekretär des Generals Haig, während sein Bruder Siegfried ein bekannter Lyriker war, dessen Antikriegsgedichte Anklang fanden. Pound versteht unter den Sassoons lediglich die älteren Generationen, die sich intensiv an der englischen Ausbeutung von Indien und China beteiligten. Vgl. Stanley Jackson, *The Sassoons,* London 1968.

Savoia, Novara at Veneto (CX): s. die Anm. zu Isbuschenskij, Novara und Veneto.

scala altrui (CXIII): In *Paradiso* XVII, 58–60 sagt Cacciaguida dem Dichter weiteres Unglück voraus, dazu gehören die Leiden der Verbannung: «Erfahren wirst du, wie gesalzen schmecket/ Das fremde Brot, und wie so herb der Pfad ist/Den man auf *fremden Stiegen* auf- und absteigt.» Das Wort «scala» (Treppe) ist ein Wortspiel auf den Hof der Scaliger, wo Dante aufgenommen wurde, nachdem ihn seine Heimatstadt verbannt hatte.

Schwundgeld (CXIII): Terminus technicus aus der Freigeld-Theorie von Silvio Gesell (vgl. Anmerkung zu Paul Peters). Pound vergleicht hier das Schwundgeld mit der Continental Currency, mit der die amerikanische Revolution finanziert wurde, was u.a. beweist, daß die beiden Funktionen des Geldes: als Wertmaßstab und als Tauschmittel zu gelten, auch dann erfüllt werden, wenn das Geld ohne eine andere Deckung als die allgemeine Übereinkunft im Verkehr ist. Die zunehmende Entwertung der Continental Currency war, wie der Historiker Charles A. Beard bewiesen hat, das direkte Motiv für die Aufstellung der amerikanischen Bundesverfassung als ein Instrument, das die Kapitalisierung der hier entstandenen Schulden erlaubte. Dies der Anfang der Entwicklung der Vereinigten Staaten zu einer Kapitalmacht.

sea over roofs (CXIII): eventuell Anspielung auf Dantes *Questio de acqua et terra* (1320), eine Erörterung der Frage, ob das Meer höher als das Land gelegen sein könne.

Section X (CXIII): Article I, Section X, Clause I der amerikanischen Bundesverfassung verwehrt den einzelnen Bundesstaaten das Recht zur Geldschöpfung. Pound hatte mindestens dreißig Jahre lang gehofft, daß es einzelnen Bundesstaaten gelingen könnte, durch die Hintertür der von der Bundesverfassung eingeräumten staatseigenen Rechte (die sog. States Rights) eine Art gesellistische Geldreform einzuführen. Erst 1958, als er dazu kam, die Bundesverfassung genauer zu studieren, fiel ihm das Geldschöpfungsverbot in Article I, Section X, auf. Die kurze Anspielung in diesem Canto erinnert an seinen Aufschrei des Entsetzens in Canto C/715: «Oh GAWD!!! that tenth section...»

«see», not «walk on» (CXVI): eine Etymologisierung des chinesischen Schriftzeichens chien 見 (sehen), das aus einem Auge und den laufenden Beinen eines Mannes besteht.

Semele Σεμέλη (CXVII): Tochter des Kadmos, mit der Zeus eine Liebschaft hatte. Auf ihre Bitte erschien er ihr in seiner wahren Gestalt als Blitz und Donner, und sie verbrannte. Aber das Kind, das sie trug, Zagreus (q.v.) bzw. Dionysos, wurde gerettet. Vgl. Canto XCII/621.

sequoias (CX): Mammutbäume. Vgl. Canto LXXXVII/572.

serenitas (CXI u. CXIII): lat., Heiterkeit, Abgeklärtheit.

sero (C): lat., zu spät.

sheep (CX): s. Anm. zu stag.

Sligo (CXIV): Seehafen der Grafschaft Sligo in Irland. Die Bucht von Sligo.

Solari (CX): vermutlich ein Bekannter Pounds.

spilla (C): ital., Nadel. Beschreibung der Technik des Opiumrauchens. Vgl. Canto XX/93.

Spire (CXVI): André (1868–1966): französischer avantgardistischer Lyriker und Schriftsteller; Zionist. Vgl. Canto LXXVII/472 u. LXXXI/518.

stag (C): «The *white stag drinks from the salt spring,* (the taste) remains in his mouth, it hankers for it; the lamb eats the ^{1}yu (grass), it does not forget it, it remains in his heart... I am a shepherd of the high alpine meadows, ... in the autumn season, the *sheep descend* from the alpine meadows. ... the ^{2}nyi-^{1}p'ĕr-^{1}ba = frost flower, a species of *Gentian* which opens before the frost descends, and blooms again after the first frost. It is *the last flower to bloom, hence the Na-khi use it for autumn*», J. F. Rock, The Romance of ^{2}K'a-^{2}mä-^{1}gyu-^{3}mi-^{2}gkyi, in: *Bulletin de l'Ecole Française d'Extrême-Orient,* XXXIX, Hanoi 1939, S. 50–51.

Stef (CXIII): Stephanie Yankowska, Schwester von Stanislaw Wiktor Jankowski (1891–1966), Erziehungsoffizier beim II. Korps des polnischen Heeres im II. Weltkrieg, der sich im Jahr 1954 von Pound überreden ließ, den *Benjamin Minor* des Richard von St. Viktor aus dem Lateinischen ins Englische zu übersetzen.

Sulmona (CXV): Stadt in der italienischen Provinz Aquila. Geburtsort Ovids. Vgl. Canto CIII/736; CV/746; CVI/754.

Sumeru (CXV): Weltberg der buddhistischen Kosmographie. J. F. Rock übersetzt den Namen des heiligen Bergs der Na-khi, ^{1}Ngyu-^{3}na-^{3}shi-^{2}lo ^{1}Ngyu mit «Sumeru». Eigentlich ist der Na-khi-Weltberg nach dem Shamanen ^{3}Shi-^{2}lo genannt, dem legendären Gründer der Na-khi Naturreligion, ^{1}Nygu heißt Berg und ^{3}na groß; unter seinen tibetischen Namen gShen-rab war ^{2}Shi-^{2}lo ebenfalls der Gründer der präbuddhistischen Bön-Religion der Tibeter. Eine eindrucksvolle Aufnahme des Berges findet sich in A. Heim und A. Gansser, *Der Thron der Götter,* Zürich/Leipzig 1938, Bildtafel 119.

syrian onyx (CXIII): s. Pound, *Homage to Sextus Propertius,* VI, 30 (1919), dt. in: *Personae: Die Masken Ezra Pounds,* Zürich 1959, S. 355.

szu wu hsieh 思無邪 (CXI): chin., Ende der Ode 297 (*Shih-ching*), die in *Lun-yü* II, 2, zitiert wird. In Pounds Übersetzung: «Have no twisty thoughts.» (Hege keine gewundenen Gedanken.) Er sieht hier eine Parallele zu Dantes «directio voluntatis» in *De vulgari eloquentia* II, 2.

Talleyrand (CXI): Charles Maurice de Talleyrand-Périgord (1754–1838), französischer Staatsmann; wurde unter Napoleon 1804 Großkämmerer, half im Wiener Kongreß 1815, die Bourbonen zurückzubringen. Vgl. Canto XLIV/225; L/248; LXII/349; LXX/409; LXXXIX/592, 597; XCV/643; XCIC/706; CI/723, 724; CIII/734; CIV/742; CV/746, 749.

Tanagra (CXIV): Stadt in Böotien, bekannt wegen der weiblichen Tonstatuetten, die dort gefunden wurden.

Ten years a blessing (CXI): 1802 wurde Napoleons zehnjährige Amtszeit als Konsul (die von 1799 datierte) auf Lebzeit verlängert. 1804 machte er sich zum Kaiser. Talleyrand entzog ihm 1808 die Unterstützung und gab seine Ämter auf.

terzo (CXVI): ital., dritte; der dritte Himmel in Dantes *Paradiso,* der Venushimmel. Vgl. «voi che 'ntendendo il terzo cielo movete», *Paradiso* VIII, 37 («Ihr Schauenden, des dritten Himmels Lenker»).

Tetradaktylos τετρᾰδακτῦλος (CXIV): griech., Vierzeher.

thousand dead in his folds (C): Beschreibung Geryons (q.v.). Vgl. Canto LI/251–252. Desgl. Dante, *Inferno* XVII.

threnos θρῆνὸς (CXIII): griech., Klage, insb. Totenklage.

thrones (CXIV): s. Dante, *Paradiso* IX, 61: «Oben sind Spiegel und ihr nennt sie Throne/Darin wir Gott als Richter nehmen wahr» und die Beschreibung des Kristallhimmels, *Paradiso* XXVIII, 104: «Die andern Lieben, die um sie sich schwingen/ Nennt Throne man des ewgen Angesichtes.» Vgl. Canto XXXVI/179; LXXXVIII/581; CIV/745; XCIV/748. S. a. das Pound-Interview von Donald Hall in: *Paris Review* 28, Summer-Fall 1962, S. 49.

thy quiet house (CX): s. Anm. zu Torcello.

Tigullio (CX; CXIV; CXVI): Der Golf von Tigullio, an dem Rapallo liegt. Vgl. Canto LXXIV/439 u. LXXVII/473.

Toba Sōjō (CX): (1052–1140) ursprünglicher Name: Kakuyū, ein buddhistischer Priester, wurde Vorsteher des Enryaku-ji-Tempels der Tendai-Sekte und zog sich später nach Toba zurück, wonach er den Namen Toba Sōjō erhielt. Nach ihm wurden die Bilder, die er malte, Toba-e genannt, und diese Bezeichnung galt später für das gesamte Genre der Karikatur. Ernest Fenollosa schreibt über ihn in: *Epochs of Chinese and Japanese Art* (1912), New York 1963, Bd. I, S. 174–5.

Tò kalón Tò καλόν (C): griech., das Schöne.

Tókos Τόκὸς (C): griech., geboren; s. Aristoteles, *De Repub.* lib. I, 10: «So ist der Wucher mit vollstem Recht verhaßt, weil das Geld hier selbst die Quelle des Erwerbs und nicht dazu gebraucht wird, wozu es erfunden ward. Denn für den Warentausch entstand es, der Zins aber macht aus Geld mehr Geld. Daher auch sein Name (tókos: Zins und Geborenes), denn die Geborenen sind den Erzeugern ähnlich. Der Zins aber ist Geld von Geld, sodaß von allen Erwerbszweigen dieser der naturwidrigste.»

topaz (CX): bei Pound stets die Farbe der Liebe. S. a. Canto LXXXVIII/581; CIV/745 «Topaz God can sit on». Vgl. auch sein Gedicht «Phanopoeia» (1918), dt. in: *Personae: Die Masken Ezra Pounds,* Zürich 1959, S. 283.

Torcello (CXVI): die versunkene Stadt in der Lagune bei Venedig. T. wurde 639 gegründet, erhalten geblieben sind zwei Paläste, der Dom, Santa Maria Assunta aus dem 7. Jh. mit Mosaiken an der Fassade aus dem 12. u. 13. Jh. Die andere Kirche, Santa Fosca, ist ein byzantinischer Zentralbau aus dem 6. Jh. Dort findet sich das Madonnenbild über dem Portal, von dem Pound spricht.

tracciolino (CX): ital. Mundart oder Neologismus Pounds. Sinngemäß: der brave Trassierer; abgeleitet von tracciare: Abstecken der Trasse einer Strecke.

triangular spaces (CXIII; CXIV): Giordano Bruno schreibt in *De l'Infinito,* V. Dialog: «ed otto, nove o dieci altri cieli, fatti d'un'altra materia, e di diversa natura, che le contegnano, e con rapido moto circulare se gli raggireno intorno; ed oltre cotal mondo cossì ordinato e sferico. ... Cossì abbiamo risoluta ancora il sesto argumento, il quante, per il contatto di mondo in punto, dimanda che cosa ritrovarsi possa *in que' spacii triangolari....*» Dies erinnert an des Albertus Magnus Ausführungen über den Raum zwischen den Welten, der gleichfalls auf Epikurs «intermundia» zurückgeht, dem leeren Raum, in dem sich die Götter aufhalten. Eine Erinnerung an Pounds dreieckiges Zimmer in 5, Holland Place Chambers, Kensington, London, mag hier mitspielen. Zu Pounds Quelle, s. Anm. zu «e di diversa natura».

tribù (CXIV): ital., der Stamm.

Tweddell (CXIII): Dr. Francis Tweddell (1863–19??), Autor mehrerer medizinischer Aufsätze über die Bekämpfung von Tuberkulose.

two mice (CXVII): eventuell eine Anspielung auf die mythische Gründung Trojas oder auf Apollo Smintheus. Smintheus ist das kretische Wort für Maus. Weiße Mäuse wurden im Tempel von Apollo gehalten.

ubi amor, ibi oculus (CXIV): lat., wo Liebe ist, ist auch Wahrnehmungskraft. Nach Richard von St. Viktor (gest. 1173), *Benjamin Minor.* Vgl. Canto XC/609.

Un caso triste e denho di memoria (CX): portug., Luiz Vaz de Camões über Ignez de Castro in *Os Lusiades* III, 118: «Ein trauriger Fall und wert, daß man seiner gedenke.» Vgl. Canto XXX/148.

Uncle G. (CX): George Holden Tinkham (1870–1956), republikanischer Abgeordneter von Massachusetts (1915–1943), Isolationist. Opponierte gegen den Beitritt der Vereinigten Staaten in den Völkerbund und gegen Roosevelts Kriegspolitik. Vgl. Canto LXXIV/433; LXXVI/461; LXXVIII/481; LXXX/509; LXXXIX/603; XCVII/677.

«un' e due...che la donna è mobile» (Fragment, ca. 1941): ital., «eins und zwei...das Weib ist trügerisch», aus der bekannten Arie in Verdis *Rigoletto.*

Upward (CX): Allen (1863–1926), englischer Romancier und Journalist; Sozialist und Kriegsdienstverweigerer im I. Weltkrieg. Vgl. Pound, *Gaudier-Brzeska: A Memoir,* London 1916, S. 144. Vgl. Canto LXXIV/437; LXXVII/469; LXXVIII/479.

usura (C): lat., Wucher.

Veneto (CX): s. Anm. zu Novara.

veritas (CXI): lat., Wahrheit.

Verkehr (CX): Siehe die Erklärung über die familiären Schwierigkeiten nach Pounds Rückkehr nach Italien in 1958 in Mary de Rachewiltz, *Discretions,* New York und Toronto 1971, S. 205: «Yet something went wrong. The house no longer contained a family. We were turning into entities who should never have broken bread together. I became convinced I should have insisted on my original plan for logistics. The existing division of Brunnenburg into separate, autonomous flats should have made the Verkehr easy, according to his principles of clear demarcation.»

Vicolo d'oro (CXVI): Gasse in Rapallo, wo über die Straßenkreuzung ein Kreuz aus blauem Himmel zu sehen ist.

vidit et urbes (Fragment, ca. 1941): lat., «er sah Städte», aus der Übersetzung der *Odyssee* (I, 2) des Raphael von Volterra: «Qui mores hominum multorum vidit et urbes.» Vgl. Pound, *Literary Essays,* London 1954, S. 265. Vgl. a. Canto LXXVIII/482.

Voisin (CX): Restaurant in Paris.

Voltaire (CXIV): François Marie Arouet de (1694–1778).

Wadsworth (CXI): Captain Joseph, ein Verwandter Pounds mütterlicherseits, tat sich bei dem amerikanischen Unabhängigkeitsbestreben hervor und versteckte die Charta des Staates Connecticut in einer Eiche, nachdem er sie zuvor gestohlen hatte. Dafür wurde er öffentlich belohnt: «Upon consideration of the faithful and good services of Capt. Joseph Wadsworth, of Hartford, especially in securing the Duplicate Charter of this Colony in a very troublesome season when our Constitution was struck at, and in safely keeping and preserving the same ever since unto this day: This Assembly do, as token of their grateful resentment of such his faithful and good service, grant him out of the Colony treasury the sum of twenty shillings» (so geschrieben am 15. Mai 1715, vom Town House in Hartford, lt. *The Charter of Connecticut,* Hartford 1932, S. 42). Vgl. Canto XCVII/671 u. CIX/773.

what's his name (CXIII): vermutlich Luther Martin (?1748–1826): «The General Government was meant merely to preserve the State Governments, not to govern individuals», sagte L. Martin 1787 als Einwand gegen Artikel VI, 2 und III, 2 der Verfassung.

white wind, white dew (CXII): vgl. Anm. zu ^{2}La-^{2}mun̲-^{3}mi. Dazu J. F. Rock: «on that day, in the beginning, Heaven laid an egg, the Earth hatched it, [the egg] was as white as the conch; the white as conch egg became hot; from the hot egg came forth hot vapor; from the hot vapor came forth hot dew; from the hot dew came forth six drops; one drop fell on a high cliff, whereupon the juniper with the white dew was born. ... One drop fell on the ... (oak tree). ... One drop fell into the lake and from the golden (yellow) lake was born ... (the first human being)», The ^{2}Mùan̲-^{1}bpö Ceremony or the Sacrifice to Heaven as practised by the ^{1}Na-^{2}khi, in: *Annali Lateranensi,* XVI, Rom 1952, S. 77–78 (vgl. auch S. 28, 44, 48).

Wien (CXI): Der Wiener Kongreß 1814.

William (CXIV): s. Anm. zu William Butler Yeats.

winnowed in fate's tray (CXII): s. Anm. zu ^{2}muṉ. Das Na-khi Wort ^{2}muṉ ist das chinesische ming, ein Schicksalslos, ein Leben.
wood (CXIV): s. Anm. zu mu.

Yeats (CXIII; CXIV): William Butler (1865–1939), der irische Dichter. Vgl. Canto LXXXIII/528 u. CI/725.
York State or Paris (CXIV): Eine Anspielung auf die Oneida Colony (q. v.) in York State und auf Ereignisse im Privatleben Pounds in Paris.
Yü-ho 玉 河 (CXII): chin., Jade-Strom, s. Anm. zu Li-chiang.

Zagreus Ζαγρεύς (CXVII): der kretische Name des Gottes Dionysos. Vgl. Canto XVII/76–77 u. LXXVII/475.
Zephyrus (CXIV; CXV): der West- oder Abendwind, bei den Römern unter dem Namen Favonius, der Schutzgott der Blumen und Erdfrüchte. Pound spricht vom «invisible Eros and the wind Zephyros, who does her bidding», *The Spirit of Romance* (1929), Connecticut 1952, vgl. Canto XCI/615 u. CVI/755.